一念放下，万般从容
——李叔同传

王牧 著

北方文藝出版社

图书在版编目（CIP）数据

一念放下，万般从容：李叔同传 / 王牧著. —— 哈尔滨：北方文艺出版社，2019.5（2024.6重印）
ISBN 978-7-5317-4374-3

Ⅰ.①一… Ⅱ.①王… Ⅲ.①李叔同（1880-1942）- 传记 Ⅳ.① B949.92

中国版本图书馆 CIP 数据核字（2018）第 228549 号

一念放下，万般从容——李叔同传
YINIAN FANGXIA WANBAN CONGRONG LISHUTONG ZHUAN
作 者 / 王牧

责任编辑 / 王金秋　　　　　　　　　装帧设计 / 末末美书

出版发行 / 北方文艺出版社　　　　　邮 编 / 150008
发行电话 / （0451）86825533　　　　经 销 / 新华书店
地　址 / 哈尔滨市南岗区宣庆小区1号楼　网 址 / www.bfwy.com

印　刷 / 天津市新科印刷有限公司　　开 本 / 880×1230　1/32
字　数 / 160 千字　　　　　　　　　印 张 / 9
版　次 / 2019 年 5 月第 1 版　　　　　印 次 / 2024 年 6 月第 3 次印刷

书　号 / ISBN 978-7-5317-4374-3　　定 价 / 48.00 元

目录

前言：弘一法师已远行，古道长亭依旧在　　1

第一章　翩翩少年

盐商佛缘李世珍 / 002　　求学存朴堂 / 007　　津门交游记 / 014
艺术天分 / 018　　娶妻俞氏 / 024

第二章　叱咤沪上

迁居上海 / 030　　草堂天涯五友 / 035　　南洋公学 / 042
二十文章惊海内 / 049　　学通古今　兼容中外 / 059　　寄情声色 / 062
家国同悲 / 069

第三章　东游日本

初入东京学画 /076　　融通西洋艺术 /083　　春柳社里的茶花女 /092
李叔同的东京日常 /099　　邂逅雪子 /106

第四章　艺海游弋

求索津门 /114　　加入南社　执编《太平洋报》/118　　任教浙江一师 /124
一生挚友夏丏尊 /131　　温而厉 /137　　刘质平与李叔同师生情深 /143
结缘西泠印社 /149　　人间清欢　芳草碧连天 /152　　断食 /157
助缘皈佛门 /167

第五章　凡心修禅

礼别红尘　淡月无痕 /184　　以律严身　躬亲践行 /191　　复兴南山律宗　秉笔勤耕 /202
闽南弘法　创办律学院 /211　　爱国爱教　慈悲济世 /228　　墨迹禅心　弘扬佛理 /232
师生共筑护生情 /240　　晚晴山房　人间清凉 /249　　悲欣交集　大师远行 /253

李叔同年表 /259

前言
弘一法师已远行,古道长亭依旧在

长亭外,古道边,芳草碧连天。晚风拂柳笛声残,夕阳山外山。
天之涯,地之角,知交半零落。一壶浊酒尽余欢,今宵别梦寒。
长亭外,古道边,芳草碧连天。问君此去几时来,来时莫徘徊。
天之涯,地之角,知交半零落。人生难得是欢聚,惟有别离多。

这首充满诗情画意、人生哲理,蕴藏着无限禅意的《送别》,堪称20世纪中国最流行的音乐之一。弘一法师营造的恬淡、深沉、幽怨的旷古意境,像一杯清香的茶,清淡纯净,淡中知真味。

弘一法师原名李叔同,是中国近现代文化史上一位不可多得的艺术大师,在戏剧、艺术、金石、广告、教育等各个领域都有极深的造诣。他精通绘画、音乐、戏剧、书法、篆刻和诗词,中兴佛教南山律宗,为著名的佛教僧侣。

他是我国新文化运动的前驱,近代史上著名的艺术家、教育家、思想家、革新家。作为中国新文化运动的早期启蒙者,他一生在诸多文化领域中都有较高的建树,先后培养了一大批优秀艺术人才。著名文学家曹聚仁,画家丰子恺、潘天寿,音乐家刘质平等文化名人皆出自其门下。

他在俗时曾是中国话剧运动的先驱、中国话剧的奠基人。他是中国第一个话剧团体"春柳社"的主要成员之一,清光绪三十三年(1907年)春节演出的《茶花女》,是我国上演的第一部西洋话剧,李叔同在剧中扮演女主角玛格丽特。后来,他还曾主演《黑奴吁天录》和独幕剧《生相怜》《画家与其妹》。李叔同的演出在社会上反响极大。李叔同的戏剧活动虽如星光一闪,但开启了中国话剧的帷幕,起到了开风气之先的启蒙作用。

作为著名的艺术家、艺术教育家、一代高僧,其作品的艺术价值、美学意义,是其所处时代高远艺术旨趣的体现;其人格秉性修养,个体精神价值取向,均有独特的魅力。作为其艺术代表的诗歌作品,更是让人回味悠长。

弘一法师是我国近代著名的启蒙音乐教育家,是学堂乐歌的创始人之一。他于1910年留学日本,归国后,先后在天津直隶高等工业学校、上海城东女学、浙江两级师范学校(1913年更名为浙江第一师范学校,简称浙江一师)、南京高等师范学校担任教师。他在浙江一师任教期间,通过音乐教育的实践,逐步形成了具有独特理论意义和实践价值的音乐教育思想,如"先器识而后文艺""以学生为本""爱国奉献""乐歌创作"等。这些音乐教育思想对他的弟子和再传弟子以及晚辈音乐教育家们产生了深刻的影响。

总之,他无论做什么,都颇具天分,都获得了极大成功,虽然这成功并非出自其本意。

翩翩公子、留学生、教师、和尚，这几个看似毫无关系的名词，却构成了李叔同先生从富家子弟到弘一法师的全部历程，而且宛如一道风光旖旎的美丽风景，处处有亮点。

在俗，他清新高雅如兰花一般；在僧，他积极入世，高调弘扬佛法。他活出了真我，丢掉了世俗中一切的伪装，只为世间留下一个活脱脱的纯粹的人，一个完全脱离了动物属性、赋予世间一切美好属性的"神"，他以洒脱而极端的方式，为世间留下了一个让无数人孜孜以求却永难超越的完美形象。

弘一法师李叔同以超凡之心，度过了世俗的几十载，他带着对世间的眷恋，更怀着对佛教的敬仰，以"悲欣交集"、充满期待的心情离开了这个世界，你的脑海里很容易涌现出这样一幅画面：一个清瘦矍铄、面容平静的老人，缓缓转过身，走向了历史深处……

李叔同就像一个颇有天赋的演员，以高超的演技，演绎了人生的悲欢离合，然后在观众经久不息的掌声中，毫不留恋地谢幕，走回后台，丝毫不眷恋这个本就不属于任何人的舞台，只把一幕幕精彩的美好瞬间，留在观众的心中……

足矣！

第一章

翩翩少年

盐商佛缘李世珍

公元 1880 年 10 月 23 日，也就是清光绪六年农历九月二十日，李叔同出生在天津的一座大院，大院的主人是大名鼎鼎的盐商李世珍，字嗣香，号筱楼。

李世珍曾官任吏部主事，后又成为天津大盐商，还兼营银号，家财万贯。

我们知道，人力、物资快速而大量地流动，是商业繁荣兴旺的基础。说起这天津卫，在明清两代可是赫赫有名的商贾重地，京杭大运河出京首站即是天津。提到这座城市的名字，还得从明洪武三十一年（1398 年）说起。这一年，朱元璋去世后，他的孙子建文帝朱允炆继位，其子朱棣以"靖难"为名发动了夺位之战。建文二年（1400 年），朱棣率军由通州"循河而南，渡直沽，昼夜兼行"，破沧州，直通南京，并赐直沽名"天津"，意为"天子济渡之地"。天津老城北门外的渡口处，曾建有"龙飞渡跸"的牌坊记录这段辉煌历史。

第一章　翩翩少年

称帝后，朱棣以"直沽海运商泊往来之冲，宜设军卫"，故于永乐二年至四年（1404年至1406年）先后设天津卫、天津左卫和天津右卫，并建立了天津卫城。

历经明代多年经营，天津卫城已有"赛淮安"之美誉。到清顺治九年（1652年），天津三卫合一，统称"天津卫"，这一名称也成为天津城市的代表。

建城后，依托运河，漕运得以飞速发展。自此，天津商业繁荣，财聚四海，"民喜为商贾"。凭借海河得天独厚的地理优势，汇南北舟车，集八方商贾，迎海运漕粮，纳吴越百货。加上天津优越的地理环境和丰富的自然资源为天津农、林、牧、副、渔及盐业的发展提供了先天条件，其中渔、盐及手工业颇具特色，是天津的支柱产业。特别是清末开埠以后，西方列强的经济入侵客观上刺激了民族工业的发展，天津逐步成为华北地区民族工业的重要基地。

到了清朝中后期，漕运、盐业、粮业更渐发达，经济空前繁荣，"轮蹄辐辏，舳舻扬帆，往来交错，尽昼夜而无休止"。

李世珍就是在这样的背景下进入历史视野的，他于同治四年（1865年）中进士，中进士后曾任吏部主事，不久后便辞官返津经商，主营盐业成巨富；因乐善好施，创办"备济社"，向贫民施舍粮食、棺木，又兴办义塾让贫儿上学，在津门一带博得"李善人"的雅号。

天津渤海边的长芦盐场是中国的四大盐场之一，是我国海盐产量最大的盐场。加上便利的漕运，以及毗连北京的先天优势，盐业自然十分发达。李世珍独具慧眼，以儒商身份，直通政商两界，生意没有理由不兴旺发达。短时间内累资巨万，成为一方富贾，跻身当时天津城最富有的人群之列。财富的迅速累积，为李叔同的名门望族身份提供了物质保障，客观上，也使李叔同能够不为生活所累，畅游艺苑。

中国人有富而置地、购买房产的传统，李家也是如此。在李世珍的经营下，李家的命运发生了翻天覆地的变化，尤其在李世珍60岁以后，无论财力还是社会影响都已是今非昔比。在早期，李世珍一家住在河东地藏庵前的三合院，李叔同就在这里出生，除南房外，东、西、北各三间，正房后面有一个狭小的后院，只有三间土屋。由此可见，此时李家刚刚是小康之家而已，尚不能称为巨富之家。而在李叔同出生后不久，李家就在河东粮店后街重金购买了一所拥有70多间房屋的大宅子。这里靠近海河，隔河与天后宫、玉皇阁对望，绝对称得上是天津当时的CBD（中央商务区），也是有名的富商聚集区。

成功的商人都不会只把鸡蛋放在同一个篮子里，精明圆融的李世珍自然懂得这一点，他除了经营盐业，也以商人机敏的眼光和嗅觉发现了银钱业的商机，成立了"桐达"字号的钱铺，所以世人还称李家为"桐达李家"。生意鼎盛时期，桐达还在其他商业重镇设有分号。后来李世珍去世，李叔同之所以去上海生活，也是因为那里的生意能够支撑他的日常开销。当然，后来随着时局的动荡变化，

第一章 翩翩少年

李家的生意也日渐衰落。也许，这由盛而衰的生活落差，也是李叔同心路历程转变的一个助缘，就像他的好友夏丏尊是他遁入佛门的助缘一样。

李世珍有着中国传统文人的一面，称得上是个德高望重的儒商。饮食起居、待人接物，均以《论语》为准则，从不逾越半步，他并不迂腐，相反，他思维活泛，精研百家，对佛学也有涉猎，且不浮于表面，都颇有心得。

李世珍娶原配姜氏，另有侧室三人，分别是张氏、郭氏、王氏。其中，姜氏所生的长子李文葆（另一说为李文锦）婚后英年早逝，所育一子名为李绳武，婚后不久也早早去世。李绳武遗孀王氏因难以接受夫家遭受接连打击的事实，深居简出，长年念经慰藉内心，打发寂寞时光。姜氏活到了84岁。侧室张氏、郭氏均比李叔同生母王氏年长不少，也没有特别突出的事迹，除活了86岁的张氏生养了比李叔同大12岁的李文熙外，其他情况少见记载。

李叔同的生母王氏，本名王凤玲，原为家中的一个使唤丫头，也有传说是平湖一个落魄商人的女儿。

此外，根据李世珍参加会试填写的个人信息来看，他还有六个女儿，因为重男轻女的传统，她们后来的情形并无记载。

因为李世珍家大业大，宅院里少不了众多的男女用人，负责料理家务、服侍主人。其中一位账房先生徐耀廷深得信任，与李家渊源颇深。李叔同作为他的少东家，直到后来仍然被徐家的后人称为

"老李三爷"，足见两家交情非同寻常。徐耀廷的哥哥是天津有名的画家，徐耀廷自己也在天津各大盐商家里教书，因为家庭的熏陶，书画、篆刻均有涉猎，李叔同自幼能够广泛涉猎书法绘画、金石篆刻等艺术，与徐耀廷的熏陶不无关系。

晚年的李世珍乐善好施，热心公共事业，还设立义塾和备济社，扶持家贫幼童读书，抚恤鳏寡孤独，算是一个开明的封建绅士。除此之外，他还时常慰问贫苦人家，施舍钱粮衣物，收养流浪乞者……种种善行，不一而足，因此人送雅号"李善人"。

李叔同盛年出家，与其幼年时期耳濡目染的佛事佛法有很大关系。李叔同自己也说过，从5岁记事起，家中常常有出家人来来往往，念经、拜忏、做道场。这一时期的李世珍已经步入晚年，他一心向善，坚持放生。鱼虫飞鸟放生不计其数。特别是他68岁时老来得子，李叔同出生，让他喜出望外，将蜂拥而至的渔民小贩手里的鱼虾种种，悉数买下放生。

世人皆知李叔同对禅宗的贡献，却不一定清楚，他的父亲李世珍对禅宗也颇有心得，这也许是"桐达李家"礼佛敬佛的一个内在因素。佛教教人一心向善，李世珍晚年的善行也许皆发心于此。人是会受到环境影响的，父亲的凡此种种行为，也或多或少影响了日后的李叔同的思想，使他走出了一条不同寻常的人生道路。

第一章 翩翩少年

求学存朴堂

我们已经知道，李叔同长兄李文葆婚后早逝，次兄文熙孱弱多病，李世珍虽然家大业大，却时刻无法安心，常常有一种后继无人的危机感。自此我们也能理解他为什么60多岁纳王氏为妾，从他的为人处世和个人生活情趣看，并非贪色，而是为李家传宗接代。1880年李叔同出生，李世珍晚年得子，珍爱之情无以言表。但好景不长，到李叔同4岁那年，父亲李世珍突然腹泻不止，自知不久于人世，于是延请高僧诵读《金刚经》。李叔同尚处于懵懂孩提，不知人间悲喜，偷偷揭开帘子窥视。最后，李世珍还是驾鹤西游，享年72岁。

灵柩留家七日，因为李世珍在世时一心拜佛，办后事时自然请高僧大德每日前来诵经不绝。年幼的李叔同看着这样宏大的场面觉得十分好玩，还带着一帮孩子模仿，俨然"孩子王"。不仅如此，他此后还时常带着侄儿李圣章等一帮小孩，仿效放焰口（焰口是佛教用语。饿鬼渴望饮食，口吐火焰叫焰口。和尚做法事向饿鬼施食叫放焰口）游戏，他还亲自扮演大和尚，惟妙惟肖，谁也不会想到，三十多年后，他真的披上了命运早就为他准备的袈裟，这是一种天注定啊。

而此时的李叔同才刚刚4岁，估计还对没了父亲十分懵懂，故而并没有特别的感受。他的童年依然是快乐的，从他后来模仿日本词作家犬童球溪《故乡的废宅》所作的《忆儿时》，可见他对童年生活的留恋：

> 春去秋来，岁月如流，游子伤漂泊。
> 回忆儿时，家居嬉戏，光景宛如昨。
> 茅屋三椽，老梅一树，树底迷藏捉。
> 高枝啼鸟，小川游鱼，曾把闲情托。
> 儿时欢乐，斯乐不可作。
> 儿时欢乐，斯乐不可作。

父亲去世后，李叔同也到了上学读书的年龄。于是，很快他就在家中原来的会客之所"存朴堂"，开始了他的启蒙教育。

李叔同一生做人行事颇具修养，与早年"桐达李家"的生活环境有密切的关系。李世珍去世时，李叔同仅有4岁，并没有从父亲那里得到更多的言传身教，兄长李文熙更多地充当了父亲的角色。

李文熙字桐冈，生于同治七年（1868年），卒于民国十八年

第一章 翩翩少年

（1929年）。他比李叔同年长12岁，李世珍去世时他已经成为"桐达李家"的掌门人，承担着家族的责任。

看其生卒年代，以及所受教育的时代背景，我们自然不难想象，李文熙的治家风格颇得李世珍的精髓。李世珍是一个在生活中很讲规矩的人，这一点在李文熙身上有明显的继承。而此时，这种家族遗风同样传到李叔同的身上，跟随兄长读启蒙书《三字经》《百家姓》时，他也受到严格的管束。

在封建社会，读书入仕不仅是改变个人命运的手段，也是获得家族荣耀的途径。"桐达李家"作为成功的士大夫之家，也是书香门第，自然十分重视教育。在开明商人看来，读书入仕既能带来光宗耀祖的无上荣耀，也可与商业经营相辅相成，是贵族身份的重要标志。

"桐达李家"的子弟应该有功名在身，这决定了李叔同早年的读书之路。

总之，李叔同5岁即随母诵习名诗格言，6岁学习家规，7岁从兄文熙正式开蒙，依次学习《三字经》《百家姓》《百

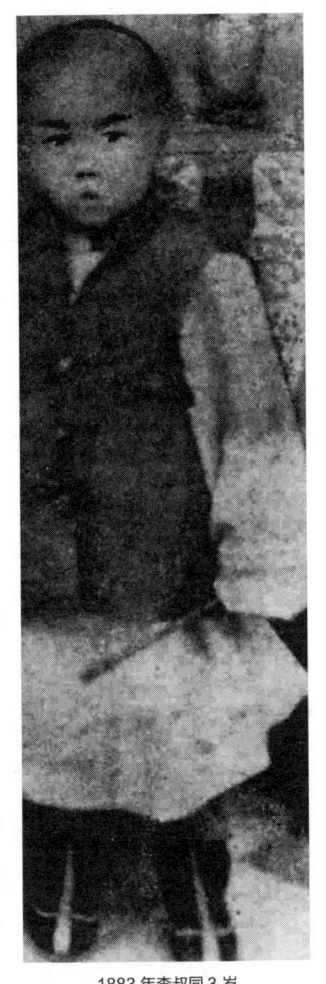

1883年李叔同3岁

孝图》《返性篇》《玉历钞传》《格言联璧》等。文熙对叔同教督甚严，教其待人接物不得越礼。李叔同8岁从常云庄读《文选》等，"日诵五车，过目不忘"；9岁读《四书》《诗经》《孝经》及唐诗；12岁攻《史记》《汉书》，临《张迁碑》《龙门二十品》等。

我们试图从李叔同前期的生活履历中找寻深深的佛缘。除了李世珍在世时家庭的熏染，据传，李叔同七八岁时，有个曾到普陀山出家的人，名叫王孝廉，回到了天津，长年在无量庵驻锡、打坐。李叔同的大侄媳妇早年丧夫，生活并不如意，常常有悲观厌世的情绪，后来常常跟随王孝廉诵读《大悲咒》《往生咒》等。李叔同时常听到诵经声，心生欢喜，加上心聪神慧，不几次就能背诵下来。此外，李叔同的乳母刘氏，能背诵《名贤集》，也深深影响了李叔同早期的世界观。出家后，李叔同曾自述"七八岁时，即有无常苦空之感，乳母每诫之，以为非童年所宜。及慈亲早丧，益感无常，悟无我理"（蔡冠洛《戒珠苑一夕谈》）。12岁时，李叔同就有"人生犹似西山日，富贵终如瓦上霜"这样似历经沧桑的诗句。虽无法求证其真，却可从一个侧面窥见其遁入空门的行为，想来也并非因一时之念吧。

光绪二十一年（1895年），李叔同考入天津的辅仁书院。创设于道光年间的这所书院，最主要的职能是提供作文训练，专业名词叫制艺，其实就是学做八股文。

也就是说，李叔同起初也是接受传统科举教育，他在辅仁书院期间的文章和书法都很出色。他还曾精心手抄了关于如何读书应试的要则,即山西恒麓书院教谕思齐对诸生的一份《临别赠言》。李叔同反复研读,可见此时李叔同对科举功名十分上心。

不过,在墨守成规接受传统教育的同时,李叔同仍然在课余时间发展自己的兴趣爱好。9岁起,他就开始师从书法家唐静岩先生学习篆刻,并于17岁拜津门名士、诗人、书法家赵幼梅学词。这一时期,无忧无虑的李叔同畅游在诗书画印的海洋,乐此不疲。

不过,此时的中国风云际会,时局环境正在剧烈变化。天津作为国内屈指可数的海运港口之一,自然成为西洋物资在北方的重要集散地。加上李鸿章以天津为中心举办洋务事业,更使得西方文明强烈地冲击着这座城市。

西方坚船利炮开路,接下来就是文明软实力的全方位展现。在李叔同接受教育的过程中,就已经体现出了这一点。

早在光绪十三年,亦即1887年,清朝总理衙门与礼部议定科举增设算学科,尝试将西学纳入科举考试,只是国人一时难以接受,无人参与,因而搁浅。

甲午战争之后,科举改革成为一大热点问题。社会讨论热烈,迫切期待变革。1896年,有消息说,包括李叔同所在的辅仁书院在内的学校,都要减少奖学金,用于充实洋务书院。面对眼前这种真实的社会浪潮的冲击,李叔同曾经发出"文章虽好,亦不足以制胜"的感慨,从中也能看出李叔同对西方文明并不抵触,甚至有些期望。

1897年和1898年,李叔同两次应天津县学试。他还写了两篇时事评论文章,一是讲外交的《行已有耻使于四方不辱君命论》,另一篇则是侧重于资源开发利用的《乾始能以美利利天下论》。这些内容,表明甲午之后的李叔同已经有目的地读了一些新学书籍,可见他此时已经中外皆习,睁眼看世界了。

19世纪和20世纪之交的清朝,时局纷乱,思想动荡,冲击着帝国的根基。于是,1901年,清政府开始实施新政,科技改革自然一马当先。清政府宣布废除八股,乡试、会试头场试中国政治史事,二场试各国政治艺学,三场试四书五经。西学被纳入考试范畴,成为新章科举最重要的变化。李叔同接连几年屡试不第,光绪二十九年(1903年)秋天,李叔同参加了在河南开封举行的中国历史上最后一次乡试,

1897年李叔同17岁

结果依然不理想，李叔同依然没有脱颖而出。

从此以后，李叔同放弃了对科考的追逐。也许追逐科考并非出自他的本心，从他学贯中西、接受西洋知识和艺术形式来看，参加科考仅仅是为了实现家族的梦想而已。现在，李叔同连这一家族责任也放下了，开始了自由洒脱的对更高精神境界，以及更高个人价值的追求。

津门交游记

李叔同可谓衔着金钥匙出生的，李世珍虽然没有跻身达官显贵之列，但李家也算是衣食无忧的富贵之家。大量的财富和稳固的政商关系，可以让李家有时间和精力关注生活的细节与品位，注重个人才情的发挥，超脱一般人家为谋生而奔忙的宿命，可以拥有更高层次的精神追求。

李叔同所受到的教育，与当时一般的达官显贵、开明之家并无二致，甚至还保留有封建士大夫阶层的旧思想——多年对科举的执着，即是明证。幸运的是，八股文并非他早年读书的全部内容。李叔同青少年时期与天津世家大族、文人墨客广泛交游，正是在这种交游中，李叔同具备了传统文人的知识素养和博雅情趣，客观上拓展了他在文学艺术领域的空间。显赫的家世让他毫无阻碍地游走于津门贵族阶层。从少年时代开始，李叔同就是津门贵族文人圈子的重要一员，这自然是他家商业版图延续的体现。

李叔同天资聪颖，又生在富贵之家，同时长兄对他自幼以儒家思想严加管教，故而他能够脱离平庸的家族产业继承者和纨绔子弟之流，向着人生更高境界迈进。

人称"布衣诗人"，于1930年皈依佛门的胡宅梵，对李叔同的一生这样评价："综观大师之生平，十龄全学圣贤；十二岁至二十，颇类放荡不羁之狂士；二十至三十，力学风流儒雅之文人；三十以后，始渐复其初性焉。"不过，纵观出家前李叔同的人生轨迹，很容易让人联想到历史上那些留下浓墨重彩的文人，可以说，文人的风流情趣是李叔同一生抹不去的天然色彩。自启蒙始，李叔同就显露出这伴随其一生的文化特性。

不得不承认，有些人天生就比你优秀：他们情智双高，衣食无忧，外形俊朗帅气，各方面你一辈子都难以追赶，李叔同天生属于这样一类人。世家子弟出身的他，很早就交游于当地的文人圈子，在深谙旧学的同时，深得文人三昧。富家子弟骄奢放浪的生活虽然没有浸染到他的骨髓，但多少也会对他有所影响，幸而没有沉迷就是了。

"桐达李家"是天津有名的盐商，豪宅规模宏大，宽敞结实，气派非凡，就连外墙都经过精雕细琢。宅院内房屋众多，仆人使女也不少，甚至雇佣专人照料花草鱼虫。他们热衷于炫耀阔气，婚丧嫁娶场面盛大，讲究阔气和排场，不能输了面儿。李叔同常年浸淫其中,虽然没有将大把的时间消磨在戏园、澡堂和各种娱乐场所,沉浸于声色犬马的感官享受,但难免也会有所濡染。

有钱又有闲的商人子弟,自然要附庸风雅,结交文人以提高自身地位和文化品位,从而更好地维护自身商业利益。结交几个文人雅士,学一点名士的风范,不光能表明自己与追名逐利、满身铜臭的普通商人有着巨大区别,而且也能在社会上开拓更大空间。

总之,青少年时期的李叔同,正处于这样一个津门巨商热衷结交文人雅士的时期,而后者同样需要依附于前者,这是一种相互需要、相互帮衬的关系。文人雅士掌握文化资源,商人拥有经济基础,二者相辅相成。正是这种天然的关系,造就了天津独特的盐商文化。对于挣扎在底层的劳动者而言,琴棋书画、金石篆刻等,更似镜中花、水中月,是一种虚妄的存在罢了。

长芦盐商以富甲天下和拥有魄力而颇有名声,他们用大把的金钱举办文人的宴会雅集,购买昂贵的书画作品,客观上维持了书画的高价位,养活了一群以书画为生的文人。很多津门赫赫有名的文化大家往往是富商巨贾的座上宾。这一风气反映出清朝末年天津社会文化的一个侧面,也印证了李叔同所处时代给他带来潜移默化影响的必然性。

此时的李叔同,顶着"桐达李家"少爷的身份,虽然免不了参与其中，但内心强大的自由天性和对纯粹艺术的内在追求，让他与其他纨绔子弟迥然有异。

艺术天分

李叔同堪称"艺术全才",是卓有成就的教育家、思想家、艺术家,在诗词、篆刻、音乐、美术、金石、书法、戏剧等诸方面均有极高造诣。其中,尤以书法成就最高,不输于右任、谢无量等大家。对于李叔同的书法作品,他的老友马一浮曾这样评价:"大师书法,得力于《张猛龙碑》,晚岁离尘,利落锋颖,乃一味恬静,在书家当为逸品。"李叔同书法由在俗时的线条精重方峭,结体茂密,转化成皈依佛门后的平淡冲逸,是他人生观转变的写照,真所谓"字如其人"。就其成就和身份而言,可比肩"八大"。

我们知道,李叔同生而聪慧,情商也高,能够圆融地处理周遭的事务。这一点,在其早年的教育经历中可见一斑。李叔同在功名路上付出了努力,却并非"两耳不闻窗外事,一心只读圣贤书"的书呆子。相反,他兴趣广泛,爱好众多,加上颇有资质,艺术天分像暗夜里耀眼的灯光一样,灿烂地展现出来、

第一章 翩翩少年

迸发出来。

其实,芸芸众生中,有艺术资质的何止百千?奈何大多被凡事所扰,放弃了,或者根本就没有机会接触到艺术。李叔同是幸运的,他很早就接触了书法、绘画、诗词、金石之学,对戏曲也十分痴迷,各种艺术种类都有所涉猎,而且,当这种接受事物的技能变为主动性的时候,一种求知的欲望和接触新生事物的开放心态就逐渐形成了。这为他后来走上艺术道路做了准备和铺垫,也为他以后的艺术成就打下了坚实基础。

我们知道,李叔同从小就接受金石熏陶,书画诗词更是很有造诣,这都得益于他与天津名士的广泛交游或直接拜师学艺。鼓楼东姚家是乾嘉以来的天津名门,虽经商却没有一般商家的做派,氤氲着一股书香之气。姚家是"桐达李家"的世交,此时姚家的主人是姚学源,他诚聘大儒赵元礼设馆教导家中一众子弟,李叔同故而常有机会向赵元礼学习作赋、填词。赵元礼生于1868年,字幼梅,比李叔同大12岁。多次应试举人未中,20岁起以教书为生。他博学多才,常常流连于津门各大名门望族,尤其擅长书法,与华世奎、严范孙、孟广慧并称为天津四大书家。李叔同的诗词功底,甚至整个一生都深受赵元礼的影响。

据记载,1896年,李叔同开始师从赵幼梅学词,两年后李叔同即奉母南迁。但二人因为对诗词、书画艺术的共同情趣,始终保持着联系。

姚家的姚彤章比李叔同年长6岁，监生出身，诗文、书法都有所长，与李叔同情趣相投。

李叔同早年在天津交往的人士，还包括孟广慧、王襄、华世奎、马家桐、徐士珍、王新铭、王钊等。他们或擅长书法、绘画、诗词、金石篆刻，或数者得兼，均为津门名流。可以说，与当地文人的交往，为李叔同的艺术功底铸就了牢固基础。

李叔同学习书画、篆刻，并不独专一人，而是数家并蓄，各采其长，逐渐形成了自己的一套清丽脱俗的风格。

李叔同在天津时，还随唐静岩学书法。唐先在天津做官，后来又行医，颇有名声。他的书法篆刻远追秦汉，深受世人喜爱。李叔同十二三岁开始在唐静岩门下学习篆书、刻石，其书法功底多在这一时期打下基础。

此外，李叔同还与天津名士王吟笙交情深厚。王吟笙是个举人，工诗词书画，长年从事教育工作。后来，李叔同虽然辗转各地，但二人情谊日笃。1939年，弘一大师60岁（虚岁）生日时，王吟笙还亲自为李叔同作诗：

世与望衡居，夙好敦诗书。
聪明匹冰雪，同侪逊不如。
猥以十年长，谦谦兄视余。

第一章 翩翩少年

少即嗜金石，古篆书虫鱼。
铁笔东汉字，寝馈于款识。
唐有李阳冰，摹印树一帜。
家法衍千年，得君益不坠。
为我治一章，深情于此寄。
忆自君南游，悠悠数十秋。
树云思不已，岁月去如流。
比闻君祝发，我发早离头。
君为大法师，我犹浮生浮。
老赓翰墨缘，远道寄楹联。
经言开觉路，书法示真诠。
笔墨俱入化，如参自在禅。
装池张座右，生佛在吾前。

李叔同与生俱来的天资，辅以优渥的家庭条件，使他的艺术天分真正被发挥到了极致。经历了前期的广泛涉猎后，他逐渐有了倾向性：整体偏向文人雅趣一类。李叔同诗词、书画、印刻无一不精，对金石、文玩、碑帖、字画的真假与否，也有相当的鉴别能力，平时在家也喜欢挥毫泼墨、捉刀篆刻。

这些旧式文人的嗜好，熏陶了李叔同的艺术气质，形成了高雅的生活情趣。

与书画艺术相关的另一大爱好,就是听戏了。昆曲、京戏都曾流行于天津,甚至有人会花大价钱从北京请戏班来津演出,有私人戏班和乐队常驻家中。在这种浓烈的社会风气熏染下,李叔同也对戏曲有特别的爱好,有时甚至还会自己粉墨登场,过一把戏瘾。李叔同日后在日本能够惟妙惟肖地演绎茶花女,跟他在天津的登台经历分不开。而此时,李叔同对梆子戏名伶杨翠喜十分欣赏,隔三岔五地捧场。1905年,李叔同曾填词回忆,足见他对戏曲的喜爱,以及对戏曲表演者的爱屋及乌之情:

燕支山上花如雪,燕支山下人如月。额发翠云铺,眉弯淡欲无。夕阳微雨后,叶底秋痕瘦;生小怕言愁,言愁不耐羞。

晚风无力垂杨懒,情长忘却游丝短。酒醒月痕低,江南杜宇啼。痴魂销一捻,愿化穿花蝶;帘外隔花阴,朝朝香梦沉。(《菩萨蛮·忆杨翠喜》二阕)

早年在天津的熏染,使李叔同在旧学方面颇有根底,而且也养成了他的文人心性。父亲读书人和盐商的双重身份,让李叔同也有机会全面接受文化艺术的熏陶。早期的李叔同与大富之家公子并无二致,衣食住行都十分讲究,方方面面都彰显着一个大家子弟的风范。他衣着考究,待人接物不拘小节,十分旷达,处处展现出一副富家少年郎的阳光形象。

  有富裕家庭做靠山,李叔同没有基本的衣食住行之忧,自由自在地畅游于艺术海洋中。

娶妻俞氏

那时的中国人,大多结婚较早,富家大户更是讲究早早成家立业。李叔同也不例外。1897年,17岁的李叔同迎娶大自己两岁、出身于天津茶商家庭的女子俞氏。俞氏眉目端正、知书达礼,二人可谓门当户对。李叔同兄长李文熙特意从家产中拨出30万元给他作为家用,然而,李叔同拿到巨款后的第一件事就是买了一架十分昂贵的钢琴,弹奏谱曲,参加津门的戏剧活动。虽然这是他文艺细胞泛滥之举,也表明了他对家庭并无特别的感情。

从李叔同多年后毅然出家,以及在日本另娶日籍妻子的行为来看,李、俞二人婚姻并不幸福,更像是一场各取所需的生意。按照李叔同儿子李端的说法,俞氏性情温和而软弱,从来没有动手打过自己。李叔同青年时期的旷达洒脱,可以看作是忧郁情感的外在宣泄。

婚后第二年,俞氏随同李叔同迁居上海。从李叔同遗留下来的有关俞氏的记录及二人的生活细节看,这一时期俞氏与李叔同之间似乎没有明显的不和。李叔同在俗时,与俞氏生育三子。长子早夭,移居上海后生了李准和李端。

1905年,李叔同的生母王氏在上海病故,李叔同随即将王氏归葬于家族墓地。也许是俞氏自己思念家乡的缘故,或者李叔同有赴日留学的打算,总之,不久李叔同将全家老小从上海带回了天津。从此以后,俞氏携李准、李端一直生活在天津,直到去世。

1905年李叔同到日本留学时,李准只有5岁,李端更是年幼。俞氏一人操持全家,独自抚养李准、李端兄弟。幼子李端曾说,他十分感谢家中的保姆王妈妈。她在李家劳动了50多年,到70多岁时才离开,勤勤恳恳地照顾和侍候了李叔同祖孙三代人。王妈妈本来是专门侍候王氏的,却不想成了李家最忠实的亲人。李叔同出国留学后,王妈妈和俞氏及李准兄弟二人朝夕相处,对母子三人照顾备至。为了表达对王妈妈的尊重,俞氏一直让兄弟二人称王妈妈为"妈妈",这是对这位老仆人最大的肯定和慰藉。

六年后的1911年,李叔同留学归来,在天津小住一段时间后,再次南下,从此再没有踏足天津,自然也没有再见过俞氏。

俞氏就像历史长河中一粒小小的石子,默默无闻地支持着李叔同和他的选择,却从来不留下自己的声音。

1918年,李叔同出家为僧。李叔同出家一事,俞氏可能事前并不知晓,也没有资料记载她获知消息后的行动,可见二人真的没有感情。1927年,李叔同的侄子李麟玉到杭州拜访他时,李叔同说自己出家前没有和俞氏商量，实在是对不起她。

李叔同出家后，他的兄长曾与俞氏商量，让她去杭州劝李叔同还俗，但俞氏虽然十分伤心，却知晓自己的丈夫虽然外表绵柔，但行事决绝，知道已无法挽回，就对兄长说"您不用管了"。然而，关于劝说还俗一事，早年在上海与李叔同相交的黄炎培却另有说法：

> 叔同出家首先在杭州的西湖，经过了几年，叔同的夫人到上海，要求城东女学杨白民夫人詹练一和我当时的夫人王纠思伴她去杭州找叔同，走了几个庙，找到了，要求叔同到岳庙前临湖素食店共餐。三人有问，叔同才答，终席，叔同从不自动发一言，也从不抬头睁眼向三人注视。
>
> 饭罢，叔同即告辞归庙，雇一小舟，三人送到船边，叔同一人上船了。船开行了，叔同从不一回头。但见一桨一桨荡向湖心，直到连人带船一齐埋没湖云深处，什么都不见，叔同最后依然不一顾，叔同夫人大哭而归。
>
> （《我也来谈谈李叔同先生》）

因为李叔同从日本带回一位日籍夫人，故这一记载无法确定是否为俞氏，这且放在一边不论。单说"桐达李家"，自然不赞成李叔同出家。虽然因为时局的原因，李家已有败象，但作为名门大户，出一个和尚，并不是值得夸耀的事情。更何况李叔同在天津还有妻室家小呢？

李叔同突然出家为僧，对俞氏的精神有很大刺激。有两年时间，俞氏到一家刺绣学校学绣花解闷，后来又在家里找了几位女伴，教她们绣花。

李叔同离津后，曾托付李绍莲照顾俞氏母子。两家的后辈子孙很要好，每年暑假，俞氏都会带两个儿子去李绍莲家住上一段时间。

李端回忆说，在他岁数稍大的时候，父亲曾经来过两封信，都是在给二伯父的信中另纸附书，没有称谓也没有签名。第一封信是父亲在出家后不久寄来的，当时李端正在上中学。信中说他已经出家当了和尚，让一家人也吃斋念佛，并嘱咐他们兄弟二人要用功读书，长大后在教育界做事。信笺是在白纸上印着一个和尚坐在那里的图案。看到这封信，一家人都哭了。

俞氏自知与李叔同并没有真正的夫妻感情，但作为合法妻子，她依然无法接受他的出家。

弘一法师出家后，并没有彻底断绝尘缘，时常与家人、朋友通信，却很少提到自己的发妻。1926年农历正月初三，俞氏故去，家中给弘一去信报丧。弘一在月底给师父寂山和尚的信中说：

> 前数日得天津俗家兄函，谓在家之妻室已于正月初旬谢世，属弟子返津一次；但现在变乱未宁，弟子拟缓数月，再定行期，一时未能动身也。

尽管弘一大师在与师父的通信中表露了回家探望的打算，但事实上并没有北返。他与俞氏若即若离的一点儿联系，也随着俞氏的离去而永远地断绝了。

第二章

叱咤沪上

迁居上海

1898年6月,光绪帝颁布"明定国是诏",开始戊戌变法。而此时,李叔同正在辅仁书院读书,他也有"老大中华,非变法无以自存"的感慨,对维新运动发自肺腑地拥护,民间传说他曾刻有"南海康君是吾师"的一枚印章。然而,维新百日即告破灭,李叔同高涨的革新热情也大受影响。

李世珍去世后,李叔同的母亲王氏在大家庭里的地位比较尴尬。李叔同此时已经结婚,又非嫡出,处境自然不顺。那时李家的钱铺在上海也有分号,足以支撑家庭开销;维新失败后,时局不稳,闲章的事虽然是传闻,但难免有人咬舌头。这恐怕都是李叔同想离开天津的动因。

生活上的不如意和心情上的落寞,终让李叔同下定决心,于1898年10月奉母携眷离开了天津的大家族,迁居上海。

刚到上海的时候,李叔同全家赁屋居住于法租界卜邻里(今金陵路附近),并将李叔同的名字改为李漱筒。

第二章 叱咤沪上

关于李叔同一家初期在上海的住处,林子青的《弘一大师年谱》及夏丏尊、姜丹书、刘质平、丰子恺等回忆中都提到法租界的卜邻里。在上海图书馆资料库,存有一份出版于清光绪二十五年八月二十一日(1899年9月25日)的《中外日报》,上面有一处关于李叔同的广告,名为《后起之秀》:

1899年李叔同初到上海

李漱筒,当湖名士也。年十三,辄以书法篆刻名於乡。书则四体兼擅,篆法完白,隶法见山,行法苏黄,楷法隋魏。篆刻则独宗浙派,成童游燕,鸿印留题,人争宝贵。今岁年才弱冠,来游沪渎,诗酒余暇,雅欲与当代诸公广结翰墨因缘。缀润例如下:书扇五角,楹帖一元,

031

堂副诸例，均详仿单，三日取件；篆刻石章，每件二角半，
件交便览报馆、游戏报馆、九华堂、锦云堂代收。

广告中的"当湖"，即李叔同祖籍浙江平湖的古称，故有"李漱筒，当湖名士"之词。《中外日报》上所刊的广告，表明李叔同对自己的书法、篆刻颇为自信，并开始登广告做起了买卖字画、替人刻章的生意。

这一时期，李叔同多次刊登这则广告，并补充了自己的居所地址：法马路卜邻里第三弄。这是目前可查到的李叔同初期在上海最具体的住址。由此看来，他虽有钱铺做家底，也开始体会到生活的不易，开始谋生，同时也表明，"桐达李家"开始走下坡路。

而广告中为李叔同代理作品的九华堂也是沪上一家老字号字画店，该店在海内外书画、收藏界享有盛名，其制作的笺纸更是名家、学者所爱之物，许多名流都在该店定制私人用笺。海派画家的代表人物吴昌硕、任颐、吴湖帆等大家的作品，以及陈巨来和方介堪的篆刻等都曾由九华堂代理，李叔同选择九华堂打理字画、篆刻事务，也是合情合理。

1900年4月16日的《游戏报》上还刊登了另一则"醲纨阁主人四体润格"的广告：

> 醿纨阁主人四体润格
>
> 李君漱筒年少多才，工四体，书魄亦崭然有横绝一世之概。于大小篆尤能登峰造极。索书者日接踵于道。定润格于右：篆隶行楷，纨扇，半元；堂幅，八尺四元、六尺三元、四尺二元；横幅楹联同例。屏幅减半。名刺半元。镌刻石章，每字三角半。润资先惠，五日取件。件交四马路吉羊楼扇店，或交法租界南卜邻里三弄李公馆亦可。茂苑惜秋生，西湖天涯芳草馆主人同启。

可见醿纨阁主人是李叔同的别号。1899年李叔同在上海曾购得纪晓岚所藏汉代甘林瓦砚，视若珍宝，在1899年10月24日《游戏报》上就有他以醿纨阁主人之名号发布之告白，广征海内外名士为名砚作题。后又将征得之题词连同汉甘林瓦砚之拓本刊印成《汉甘林瓦砚题辞》，在该书的内页上李叔同用的也是"醿纨阁主李成蹊"之名号。

而落款处的茂苑惜秋生，是当时《游戏报》的编辑；西湖天涯芳草馆主人，就是与李叔同共主"书画公会"的吴涛。他与李叔同渊源颇深，除了为李叔同发广告，还于1900年4月与李叔同共创"书画公会"，吴涛和李叔同分任经理和副经理。二人又一起创办《书画公会报》，并于4月22日正式出版。据郭长海先生所撰《天涯处处有芳草，钱塘海阳是两家》一文中所言，在1900年8月31日的《游戏报》上曾刊登一首李叔同赠吴涛的词《苏幕遮·赠别天涯芳草馆主人》：

> 酒一杯，人千里。黄叶西风，转瞬秋来矣。日暮魂消南浦地。泪和愁情，化作寒江水。
> 悲男儿，风尘里。生离死别，辗转情何已！同病相怜原幸事。可奈匆匆，又见离筵启。
> 当湖惜霜倚声。

而在李叔同赴日留学时编印、1906年正月二十正式发行的《音乐小杂志》"词府"一章中，李叔同选录了西湖天涯芳草馆主人吴涛的一组词《天涯曲·题天涯萍梗图》，刊于章首，可见共同的文学爱好和情趣，将两人牢牢牵引在一起，结下了深厚友谊。

有趣的是，李叔同一生所用名字众多，这种不断变换别名也是历代文人热衷的文字游戏，既有寄情山水、聊表心绪的意思，也是对其生活履历最好的注脚，可以从中感受其心情的好坏和时代的变迁。他的弟子刘质平曾考证，李叔同曾用名达到二百多个。除叔同、文涛之外，比较常用的俗家用名还有李成蹊、李息、李哀等，从中可窥见李叔同不同时期的心路历程。

意气风发的李叔同初到上海就立刻去了照相馆摄影留念，从存世的照片看，当时的李叔同神采飞扬，面容清秀，稍显青涩腼腆，他波澜壮阔的人生正是从此时徐徐拉开。

第二章 叱咤沪上

草堂天涯五友

上海是当时国际化的大都市,十里洋场,春风沪上。上海领风气之先,名流汇聚,卧虎藏龙。李叔同到上海后很快就适应了朋友圈的变化,迅速融入了当地文化圈。此时的李叔同年少才丰,新知旧学俱佳,所以他到上海后不久就加入了"城南文社",以横溢的才气、出众的诗笔、新颖的理念成为文社的新星。曾作《拟宋玉小言赋》名列月会第一,其才情得以在更大的舞台尽情施展,名声渐起。

"城南文社"是一个切磋诗词文章的团体,活动地点就在"城南草堂"。城南草堂是上海南郊许幻园的公馆,因地处南门外,所以叫城南草堂。许幻园是松江人,家中颇有资财,为人慷慨豪爽,身边笼络了一大批各界名流,成为上海滩公认的学界领袖。许幻园还经常举行悬赏征文活动,以发现、笼络人才。李叔同到上海后,只要他参加投稿,总能获得佳绩。许幻园对他的才华十分仰慕,还特地让出"城南草堂"的一些房屋让李叔同一家搬来同住,从此他俩便成了至交。

城南草堂是李叔同在沪上继卜邻里之后的第二处居所。

草堂屋后有左右楼，左边是书画室，取名天籁阁；右为藏书楼，有主人收藏的《红楼后梦》《红楼补梦》《红楼复梦》《红楼绮梦》《红楼重梦》《红楼演梦》等《红楼梦》八种，更有玉壶山人所作《红线》《红玉》《红拂》《红夫》《红绡》《红瓶》《红桥》《红儿》等"八红图"。因此，草堂又叫"天籁阁""八红楼"。据许幻园《城南草堂笔记·卷上》记载，城南草堂有着明确的建成时间："丁酉秋，余奉继慈命，筑室于沪城之南，地颇静僻。出户不数武，有桥曰青龙桥，烟波十里，风帆往来，颇得林泉风景"。其所撰《城南草堂图记》中又云："沪滨繁华，鸡犬桑麻，又是一番世界。人家多临水居，男妇皆朴重，盖犹有古风存焉。余性耽静僻，厌弃喧哗。于丁酉之春，筑草堂于此。庭植杂花，当盛开时，幽香满室，颇得佳趣。北临青龙桥，岸旁遍栽杨柳；东望黄浦，来往帆樯，历历在目。庚子孟秋，内子梦仙，为画草堂图，蒙海内大雅题句甚伙，因付制剧，以志墨缘，并附此图于集中，为记其缘起如此。"由此可见，草堂建筑时间应是在 1897 年。

甫一落成，这里就成了许幻园呼朋引伴、以文会友的雅致之地。各界名流往来穿梭，十分热闹。除了许幻园和李叔同，经常在"城南草堂"聚会的人中还有袁希濂、蔡小香、张小楼三位。他们也都是当时名震上海的文学名人。这五位才子年岁相差无多，情投意合，

1900年春，李叔同与许幻园、袁希濂、蔡小香、张小楼在城南草堂义结金兰，世人称之为"天涯五友"，并聘请摄影师合影留念，足见五人对文学诚挚之爱和惺惺相惜。当时沪上知名的《中外日报》亦先后刊登李叔同的《后起之秀》、张小楼的《小楼主人真草隶篆梅兰竹菊润规》和许幻园、宋贞夫妇的《城南草堂书画》等润例，称李叔同"书则四体皆擅，人争宝贵"，言张小楼"书画冠绝行辈"，道许幻园"诗书画三绝"。

袁希濂（1878—1950），字仲濂，上海宝山人，善书法，与兄希洛、希涛称作"宝山三袁"。蔡小香（1863—1912），名钟骏，号轶侯，别号逸鸥，上海江湾人，对金石、书画、诗文颇有见地，成就斐然。他还收藏了一百多方砚台，并将书房命名为"集砚斋"。他本人还是蔡氏妇科五世传人，开设有自己的诊所，行医济世。张小楼（1876—1950），名楠，以字行，自号蓉江小楼。江苏江阴人，善书画，并擅指书指画，是著名爱国民主人士李公朴之岳父。

"天涯五友"彼此诗文唱和，激扬文字，在沪上文坛传为佳话。

值得一提的是，关于李叔同搬入草堂居住和这段义结金兰的佳话，"天涯五友"之一的袁希濂曾在《余与大师之关系》中有相关叙述：

> 逊清光绪丁酉年，余肄业上海龙门书院，是年秋闱报罢，余集合同志，于本书院每月月课之外，假许幻园上舍城南草堂，组织城南文社，每月会课一次，以资切磋。课

> 卷由张蒲友孝廉评阅，定其甲乙。孝廉宋儒性理之学，旁及诗赋。戊戌十月文社课题为"朱子之学出自延平，主静之旨与延平异，又与濂溪异，试详其说"。当日交卷，另设诗赋小课，散卷带归，三日交卷，赋题"拟宋玉小言赋"以题为韵。是时弘一大师年十九岁，初来入社，小课拟小言赋，写作俱佳，名列第一，此为余与师相识之始也。……翌年己亥，乃迁于青龙桥之城南草堂，与许幻园同居。师于诗文词赋外，极好书画。其与江湾蔡小香、江阴张小楼、华亭许幻园及余，尤为莫逆，吾等五人遂结金兰之谊，誓同甘苦。

然而，袁的这篇文章所记载李叔同入住草堂时间的记述，似乎并不确定。李叔同曾应许幻园之请为《城南草堂笔记》作跋，其中写道：

> 云间许幻园姻谱兄，风流文采，倾动一时。庚子初夏，余寄居城南草堂，由是促膝论文，迄无虚夕。

由此可见，庚子（1900年）初夏的时间是可采信的时间。草堂主人许幻园也在《城南草堂笔记·卷上》明确记载：庚子春，漱筒姻谱仲，迁居来南，与余同寓草堂，因见正中客厅新悬某名士书之一额曰"醵纨阁",而右旁书室,尚缺匾额,余乘兴书"李庐"二字以赠之。

结义之后,"天涯五友"度过了一段文采激扬,谈笑有鸿儒、往来无白丁的洒脱时光,恍如魏晋时期的竹林七贤,让人艳羡不已。

此时的李叔同,能够与挚友朝夕相处,促膝论文,从事着自己喜爱的文学、艺术事业,心情自然十分轻松怡然。一如许幻园在《城南草堂笔记·卷上》中所言:

> 终日闭户读书,不问外务。冬月尝植梅花数株,疏影暗香,令人意远。往往与两三知己,即景联吟,颇得佳句。

彼此诗文相励,术艺交锋,《李庐印谱》《诗钟汇编初集》也相继刊行,闻名海上。其时,李叔同母亲王太夫人与许幻园夫人宋贞亦相契无间,处得极为融洽。宋贞,字梦仙,沪上才女,与许幻园同受业于长洲王弢(1862—1897)、元和江标(1860—1899),工诗文,擅金石,绘花鸟鱼虫,曾录其旧稿杂文六篇、诗词二十四首、正草隶篆四体书八帧、仕女山水墨兰草虫八帧,集成《天籁阁四种》。梦仙体弱多病,李母常照顾左右,视同己出,为治药饵,说诗评画,互为乐趣。梦仙曾有一诗题于《天涯五友图》上,赞叹李叔同的才华:

> 李也文名大似斗，等身著作脍人口。
>
> 酒酣诗思涌如泉，直把杜陵呼小友。

诗文灵动而有生气，反映出李叔同当年沉湎诗文唱和之中的不羁的生活状态。而李叔同同样有相关的记载，他的《清平乐·赠许幻园》一词，也是对这段美好时光的回忆：

> 城南小住，情适闲居赋。文采风流合倾慕，闭户著书自足。阳春常驻山家，金樽酒进胡麻。篱畔菊花未老，岭头又放梅花。

1900年3月，李叔同还与友人一起组织"海上书画公会"，每周出书画报一纸，由《中外日报》随报发行。

"书画公会"以提倡风雅、振兴文艺为办会宗旨，开一代风气之先。同时，公会还出版发行《书画公会报》，专业刊登书画、篆刻作品，他项新闻概不登载，以杜流弊，开我国书画艺术专业报之先河。

1901年5月，《中外日报》刊出南洋公学增设特班的招生通告，李叔同以总分第十二名的成绩考入其中，在该年9月正式成为蔡元培的学生。李叔同入学特班后，许幻园纳粟出仕，袁希濂入广方言馆，张小楼赴扬州东文学堂之聘，蔡小香忙于医事，救死扶伤。自此，除偶有一两人相聚,"天涯五友"再无谈笑诗文的重逢。五友的人生也各有枯荣,自此天各一方。

李叔同于1900年、1904年先后在城南草堂诞下两个儿子李准和李端。他与母亲、妻儿度过了一段一生中难得的幸福而短暂的家庭生活。

南洋公学

1901年,清政府在开始推行科举变革的同时,再次宣布举行经济特科的选拔。在这一政策背景下,代理公学总理张元济按照盛宣怀的设想,在南洋公学增设特班。张元济曾在京师任职,是个很活跃的维新人士,戊戌变法失败被革职后,不久即到南洋公学工作,后接任公学总理。南洋公学特班的任务,就是培养通晓时务、能与世界对接的英才,以备参加经济特科之选。

1901年8月29日(农历七月十五),李叔同参加南洋公学特班的招生考试,以第十二名的成绩被录取。从1901年9月13日(农历八月初一)特班开课,到第二年11月16日(农历十月十七)"墨水瓶事件"爆发,李叔同一直在南洋公学学习,学校的总教习就是赫赫有名的教育家蔡元培先生。蔡元培,浙江绍兴人,光绪年间进士。甲午战争后接触西学,大力倡办教育。在20世纪初的上海教育界,为国家奔走呼号,是一位颇有影响的人物。

在南洋公学这一年,是李叔同从传统士子走向现代人文主义者的关键一年，无论是思想上还是行动上，李叔同都有了很大程度的进步。此后，李叔同还曾参与沪学会与爱国学社的相关活动。

以1901年的情形而论，南洋公学特班的课程，可以说构建了一个比较完善的新知识体系。特班的功课以西学为主，分初级和高级，三年毕业。初级课程包括英语、算数、格致、化学，高级课程除格致、化学原理外，还要读地志、史学、政治、理财学等，另外还设了体操等课程，可谓与西方教育全面接轨。蔡元培还为学生开列了应读书目，涉及政治、法律、外交、财政、经济、教育、哲学、科学、文学等，门类十分齐全。学生自选一门或两门，并采取由学生做札记、教师批阅的方式，每月末进行考试。李叔同曾在这一时期写有《论强国对弱国不守公法之关系》一文。李叔同选学了外交课程，也从一个侧面反映出他广博的治学兴趣和对西方教育的接纳程度。

李叔同在南洋公学特班的同学，均为二三十岁的青年才俊，思维活跃、学贯中西的李叔同，在班级里的成绩并不像他后来的成就那么突出。1901年下半年，特班有一份前半年的成绩总评月课积分表。在总共35人中，最高者100分，最低者25分，李叔同以76.2分排在第13位。

南洋公学是交通大学的前身，成立于光绪二十二年（1896年），由当时洋务派设立的轮船招商局、中国电报局督办盛宣怀于上海徐家汇创办。该校经费都是两局里有头有脸的人物所捐，故名为南洋公学。学校分设师范院、外院（附属小学）、中院（中学）、上院（大学），学生多习工艺、机器、矿冶、商务、铁路、船政等科目，是当时上海最重要的新学教育机构之一。

甲午战争爆发前，国内的新式教育还有很大的局限性，仅在清政府举办的部分洋务学堂和来华传教士举办的教会学堂里开设。甲午战争的彻底失败，让国内仁人志士激愤不已，维新思潮涌动，并达成共识：教育改良才是国家兴旺的根本大计。随后，改造书院、开办新学蔚然成风，南洋公学就是在这样的背景下开办的。

与科举变革同步，读书人的观念也在发生转变。尤其是上海这样开风气之先的地区，就更为明显。与李叔同一起的特班同学，不少人后来成为社会知名人士，南洋公学堪称学界的黄埔军校。

关于李叔同在特班的生活，黄炎培1957年的一段回忆性文字有这样描述：

> 我和叔同是1901、1902年上海南洋公学——后来被先后改名南洋大学、交通大学——特班同学。叔同名广平，原籍浙江平湖，出身于天津盐商的富有家庭。同学时他刚二十一二岁。书、画、篆刻、诗歌、音乐都有过人的天资和素养。南洋公学特班宿舍有一人一室的，有二人一室的。他独居一室，四壁都是书画，同学们很乐意和他亲近。特

第二章 叱咤沪上

班同学很多不能说普通话，大家喜爱叔同，因为他生长在北方，成立小组请他教普通话，我是其中的一人。他的风度一贯地很温和，很静穆。

不难发现，此时的李叔同延续了之前旷达、慷慨的性格，艺术造诣更是深受同学的推崇。

然而，南洋公学并非纯洁的象牙塔。虽然维新派、改革派取得了一定的成绩，但学校并没有摆脱封建传统教育的羁绊。而且，教师对学生中不断迸发的新思想也多有不解，思想对立是常有的事。

一件事情的发生，就像多米诺骨牌一样，引发了南洋公学的大动荡。

1902年11月5日，公学五班上课时，文科教习郭镇瀛发现师座上有一只洗净的墨水

1902年李叔同在上海

瓶，认为这是有学生故意找碴儿，影射他没有真才实学，便严词追查。五班学生没人承认。郭就恐吓坐在前排的学生，限他们三日内告发，否则加罪。有一学生诬告此瓶是伍正钧所放，于是校方开除了五班全体同学，这一专制武断的做法，引起了全校同学的强烈不满。虽然学生们与校长申辩、力争，却没有改变学校的决定，学生们决定集体退学以示抗议。

这样一来，校方也感到十分为难，请出了受学生尊敬的蔡元培先生来调解。经蔡先生的耐心说服，学生方同意暂缓行动。蔡元培也答应学生会与校方沟通，然而却没有效果。学生收到蔡元培也碰了壁的消息，高呼"祖国万岁"的口号，井然有序地愤然走出了南洋公学。蔡元培先生素有进步思想，深知学生无错，见校方态度消极，随后也愤而辞职。为了不让学生没书读，蔡元培还带领学生到"中国教育会"寻求帮助，使退学学生得以继续学习。

南洋公学平时思想自由、学术氛围宽松，学生可以接触到各种新学书籍和新学刊物，使南洋公学成为一所洋溢着爱国精神的校园。这次退学风波是对封建专制、墨守成规的教育方式的一次打击。当时社会舆论包括《新民丛报》《苏报》等均表态支持学生正义的斗争。

李叔同也积极参与其中，再一次接受了新思想的洗礼。也许正是此次事件，让他从此与传统教育决裂，走向更加进步和光明的人生之路。

李叔同虽然只在南洋公学一年多时间,但他日文、英文已可熟练掌握,甚至还将《国际私法》从日文翻译成中文,也为以后留学日本打下了坚实基础。

李叔同所译《国际私法》的日文原稿是日本法学教师的授课笔记,由留日学生译书团体——译书汇编社于光绪二十九年(1903年)出版。

退学后的李叔同更加积极地学习西方先进文化,接触西方艺术。第二年,他参加了黄炎培等组织的"沪学会"。1905年,李叔同还慷慨激昂地为"沪学会"谱写气势磅礴、情绪高涨的《祖国歌》:"上下数千年,一脉延,文明莫与肩。纵横数万里,膏腴地,独享天然利。国是世界最古国,民是亚洲大国民……我将骑狮越昆仑,驾鹤飞渡太平洋……"

《祖国歌》在"沪学会"的刊物发表后,即不胫而走,全国各地学校都采作教材,成为全国人民喜爱的爱国歌曲。这首歌的旋律是纯粹的中国风格,富有中国的民族气息。丰子恺回忆说:"我的故乡石门湾,是一个很偏僻的小镇,我们的金先生也教我们唱这歌曲。我还记得,我们一大群小学生排队在街上游行,举着龙旗,吹喇叭,敲铜鼓,大家挺起喉咙唱这《祖国歌》和劝用国货歌曲。那时我还不认识李先生,也不知道这歌曲是谁作的。"可见,这一时期的李叔同有着积极的、进步的新思想。李叔同自己也说:"我从二十岁到二十六岁之间的五六年，是平生最幸福的时候。此后就是不断地悲哀与忧愁，一直到出家。"看来，这一时期是他最为怀念、最为得意的时期，也是塑造其思想和性格的重要阶段。

二十文章惊海内

李叔同在天津期间，新学已经有一定基础。到达上海后，他为当地更浓厚的新学气息所吸引，很快就融入上海的文化氛围中。一个例证便是从1899年开始，他以李成蹊之名，多次参加了上海格致书院的课艺征答活动，并12次获奖。

成立于1875年的上海格致书院，由洋务学者徐寿及长期受聘于江南制造局的英国人傅兰雅倡建，是晚清上海最重要的西学传播机构之一。格致书院聘请中西学者讲授格致之学，培养新学人才。1885年后，著名学者王韬担任书院山长，一年四季分别请地方大吏以格致题课士各一次。面向社会征集答卷，分别评定等级，予以奖励。1889年起，春秋两季课题分别由南、北洋通商大臣拟定，是为特课。课题征答是格致书院推动西学传播的一个特别举措，其具体方式后来虽然有所变化，但作为一个传统，这一活动在20世纪初仍然得到了延续。

格致书院的课题以西学、时务为主。己亥年（1899年）夏季课题为：

> 三十年来，吾华人崇尚各种西艺，近夸更甚于前。有先学习其语言文字以为阶梯者，有专赖译成华文之书籍，以责考索者。
>
> 或谓日本仿效西法，已尽得其奥窍，如先学西文，以为学西艺者先路之导，则不啻事半功倍也。其说然否？试比较其迅速、利弊、得失之所在而详告之。

李叔同参加了这次征答活动。这次评课的结果，选出了超等 16 名，特等 20 名，一等 28 名，李叔同位列一等第 22 名。

此后，李叔同在壬寅年（1902 年）十月的策论征答中获第 7 名，当年十二月的策论征答中获第 2 名。癸卯年（1903 年）是李叔同获奖次数最多的一年，四月的策论课题他获第 19 名，五月获第 3 名。闰五月的宁绍台道官课，也就是本年的夏季课题征答中获一等第 42 名。紧接着，在当年南洋大臣特课题中，李叔同位列超等第 2 名。九月课题获超等第 1 名，十月策论题获第 3 名，十一月策论第 3 名。到甲辰年（1904 年），他在九月策论课题征答中获第 5 名，十月策论第 18 名。

在李叔同获奖的这些课题中，中学与西学的内容大致各占一半。从时间上看，他获得名次最多的 1903 年，是他在南洋公学特班学习的第二年。显然，上海新学氛围的长期熏陶，尤其是在南洋公学的学习经历使李叔同对西学和中学有了更深入的探究，其知识与观念更新的程度以及所达到的水准，在上海青年文人中已属难得。

20世纪初的知识界，处于新旧过渡的时代。对新学界也就是所谓学界志士而言，他们共享一个不同以往的知识与观念空间，并在其中构建起自己的人脉关系网络。这是属于他们的新世界。在这里，李叔同已经是一个独特的角色，所谓"新世界之杰士"，1905年天津《大公报》送给李叔同的这个称呼，正符合这一时期李叔同的身份。

与20世纪初所谓的旧派人士相比，新知识人士表现出更为急切的爱国热情。面对江河日下的国家命运，他们流露出深深的忧患意识。在1901年12月，李叔同按照蔡元培布置的课题完成的《论强国对弱国不守公法之关系》一文，就表达了这种情绪和观念：

> ……世界有公法，所以励人自强。断无弱小之国，可以赖公法以图存者。即有之，虽图存于一时，而终不能自立。其不为强有力之侵灭者，未之有也。故世界有公法，惟强有力者，得享其权利。于是强国对弱国，往往有不守公法之事出焉。论者惑之，莫不咎公法之不足恃而与强弱平等之理相背戾。

作为新知识群体的一员，李叔同已经能够从新角度对以往熟悉的事物进行再审视。他的文艺观念就是一个例证。20世纪初的社会变革背景下，传统的文学艺术观念正发生显著的变化。以往地位低下，或者被看作小道末技之流的音乐、戏剧、小说等，此时被看成开启民智的重要工具。对传统艺术有很深修养的李叔同，很快就接受了这种新的文艺观。1904年春，李叔同在为铄镂十一郎的《李苹香》作序时写道：

乐籍之进步，与文明之发达，关系綦切。故考其文明之程度，观于乐籍可知也。时乎文化惨澹，民智龆龀。虽有乐籍，其势力弱，其进步迟。卑卑之伦，固鲜足齿。若文明发达之国，乐籍棋布，殆遍都邑。杂裾垂髫，目寵心与。游其间者，精神豁爽，体力活泼，开思想之灵窍，辟脑丝之智府。说者疑吾言乎？易观欧洲之法兰西京师巴黎，乐籍之盛为全球冠。宜其民族沉溺于兹，无复高旷之思想矣。乃何以欧洲犹有"欲铸活脑力，当作巴黎游"之谚？兹说兹理，较然甚明，奚俟刺刺为耶！惟我支那，文化未进，乐籍之名，魁儒勿道。上海一埠，号称繁华，以视法之小邑，犹莫逮其万一，遑论巴黎！岂野蛮之现象固如是，抑亦提倡之者无其人欤！

在这篇"撷拾两哲最新之学说"写成的序文中,李叔同把音乐与社会文明进步相联系,以"乐籍"的普及程度为衡量社会文明的标尺。在他看来,音乐可以振奋精神、增强体魄、提升心智,巴黎为欧洲音乐最盛之区,也是最有创造力的地方。反观中国,音乐为正统大儒所不屑,即使最繁华的上海,甚至也不能与法国的小城相提并论。李叔同对音乐与文明关系的理解,表达的正是新知识界将艺术与社会改造联系在一起、以艺术承载启蒙责任的思想立场。就在李叔同写下这篇文字的同一年,1904年10月,柳亚子等人在上海出版国内第一份专业的戏剧杂志《二十世纪大舞台》,其改变戏剧、组织梨园革命军、进行社会政治动员的宗旨,与李叔同在这里所表达的音乐观几乎如出一辙。

1905年,李叔同参加了商务印书馆的一次征文。这次征文的题目是:"我国各地交通不便,语言因参差,今汽车汽船既未遍通,有何良策能使语言齐一欤?"他的征文后来刊登在1905年5月出版的《东方杂志》第四期附录中。在这篇文字中,李叔同表示"语言歧异,为国之羞","既靡合群之力,无复爱国之想,澌灭之原,实基于是"。世界交通日盛,语言终有"大同"之一日。文中提出,为了中国语言"齐一",应从蒙学开始设立官话学科,培养官话师资,编写官话教科书,勤加练习。在文章末尾,李叔同写道:

> 呜呼,英墟印度,俄吞波兰,佥以灭绝国语为首务。然则国语顾不重哉!文明之进步系于是,国家之安危亦系于是,改良齐一,未可缓也。我国数稔以还,负牀之孙,乳臭未脱,辄能牙牙学西语。趋承彼族,伺其颦笑,极奴颜婢膝之丑态。及闻本国语言,反多瞠目不解者。沉沉支那,哀哀同胞,其将蹈印度之覆辙邪,抑将步波兰之后尘耶?呜呼,吾国民其何择!

19世纪末20世纪初年,语言文字问题是知识界关注的一个重要话题。这一话题的出现,与现代民族意识在中国初步兴起直接相关。文字改良、语言统一之类的主张,意在通过语言文字的"齐一",促进中国人的"合群"意识,建立民族认同和爱国精神。前述黄炎培回忆南洋公学时李叔同的文字中,提到大家成立小组请李叔同教普通话,也反映出这一思想潮流背景。无论如何,李叔同参加这次征文活动,介入这一问题的讨论,表明他在观念上与新知识界是合拍的。文中对社会上学西语成风而不通国语现象的批评,也表露出这一时期李叔同的文化忧虑。

南洋公学退学风潮发生后的几年间,国内的思想解放运动迅速发展。传输新知识和新学理的报刊逐渐增加,宣传革命的著作开始广泛流传,有关时政问题的集会演说越来越常见,不断刺激着青年学生的爱国情绪。1903年,拒俄运动在上海掀起波澜,改良之后的《苏报》号召学生们要"撞自由钟""树独立旗""杀皇帝""倒政府",点名指责光绪皇帝为"载湉小丑,未辨菽麦"。尽管苏报馆因此被查封,但思想风潮仍然在持续升温。1904年,以反清为旨的光复会在上海秘密成立,担任会长的就是曾经主持南洋公学特班的蔡元培。1905年,上海成为抵制美货运动的中心,这是20世纪初民族意识觉醒的一个重要象征。革命潮流一波又一波地冲击着清政府的政治基础,中国正在进入一个风云变幻的时代。

在南洋公学学潮发生前,蔡元培等在上海组织了中国教育会。这一团体的宗旨是通过改良教育,建立恢复国权的基础。从南洋公学退学的青年学生,部分进入中国教育会创办的爱国学社,并从此与20世纪初的革命运动结下不解之缘。李叔同不在其中。离开南洋公学后,他曾在上海圣约翰大学教过一段时间的国文。圣约翰大学是由美国基督教会于1879年在上海创办的一家教育机构,原来的名称是圣约翰书院,1892年设立了大学部,到1905年正式改称大学,是近代中国最著名的教会大学之一。李叔同在圣约翰大学的情形没有留下多少史料,但他能在这里教书,说明他积极融入西方、学习西方的意愿很强烈,主动创造机会接触西学并进行深入研究。

尽管我们对李叔同这几年间的具体活动了解有限,但不难想象,在风云激荡的社会背景下,风华正茂、"二十文章惊海内"、激情满怀的李叔同,不可能对进步潮流无动于衷。在此期间,李叔同曾经参加了沪学会的一些活动。

沪学会是 1904 年 8 月在上海成立的一个知识团体。宗旨是研究学术，开通风气，交换知识，图谋学界之公益。沪学会创办过义务小学，招收贫寒子弟读书。根据 1905 年沪学会在《时报》上的一则告白得知，李叔同在其母亲王氏去世后，按照王氏的意愿，没有请僧道诵经礼忏，而是将 200 元捐给沪学会及义务小学。从时间上推算，这则告白登出的日期是 3 月 16 日，距离王氏去世仅 6 天时间。可见李叔同对这样的活动是非常支持的，有着极大的同情心和参与意愿。在当年随后的抵制美货运动中，沪学会支持过美国教会学校清心书院学生的罢课行动，还召集各学堂代表举行学界大会，刊印宣传画和传单，表现活跃。因为母亲去世的缘故，后来的这些活动李叔同应该没有机会参加。我们所知道的是，在参与沪学会的活动中，李叔同编写了《国学唱歌集初编》，成为教学资料。另外，李叔同还当过沪学会新剧部的主持人，撰写了《文野婚姻新戏册》，并作诗宣传。这四首诗后来发表在留日学生创办的《醒狮》杂志上：

床第之私健者耻，为气任侠有奇女。
鼠子胆裂国魂号，断头台上血花紫。

东邻有儿背佝偻，西邻有女犹含羞。
蟪蛄宁识春与秋，金莲鞋子玉搔头。

河南河北间桃李,点点落红已盈咫。
自由花开八千春,是真自由能不死。

誓度众生成佛果,为现歌台说法身。
孟旃不作吾道绝,中原滚地皆胡尘。

正如新知识界普遍的观念一样,李叔同将戏曲改良视为开启民智、进行政治动员的工具。戏曲是李叔同熟悉的艺术形式,借戏曲以振刷末俗、倡导文明、改良社会,对李叔同来说是自然的选择。编写新剧目的举动,表明李叔同是清末戏剧改良较早的实践者之一。所谓文野婚姻,即指婚姻的文明与野蛮。文与野,是20世纪初新知识界常用的概念,婚姻自由也是他们一个热门的话题,呼唤人性的解放与冲破旧礼教的束缚。李叔同所撰戏册的主题,也不外乎讥刺旧式婚姻,提倡文明婚姻。在作于1905年的《婚姻祝词》中,李叔同写道:

《诗》三百,《关雎》第一,伦理重婚姻。夫妇制定家族成,进化首人群。天演界,雌雄淘汰,权力要平分。遮莫说男尊女卑,同是一般国民。

在李叔同的诗词作品中,上面这几首的风格有些特别,较为少见，接近1912年所填《满江红·民国肇造志感》一词。其共同之处，就是采用了清末革新派诗人常见的以新名词入诗的做法，可谓之新学诗。这几首诗词中出现的"断头台""自由""血花""国魂""进化""天演""权力""国民"之类字眼，在20世纪初都属于最新流行的词汇。这种风格的作品，今人读来并无明显的滞涩，但在当时，则属于石破天惊一类的作品。从总体上来说，李叔同的诗作，大多寓考究于自然，不落痕迹，此类新学诗并不多见。不过，这些诗词的留存，也足以让我们感受到被黄炎培称为温和静穆的李叔同，还有着血脉贲张、慷慨激昂的另一面性情。

学通古今　兼容中外

南洋公学设立的目的，原本就是为国家培育人才，加上有教育界颇具影响力的蔡元培的主持大局，学校的风气蔚然一新。1902年8月，在蔡元培的倡导下，学校还成立演说会，并以爱国主义相激励。总之，南洋公学俨然成为学界的翘楚，引领着当时的进步思潮。

李叔同虽然在特班只学习了一年多，但却为他系统探究西学提供了一个机会。特班有的课程要用英文讲授，李叔同自幼才学均在中人之上，这方面自然不甘落后，他后来英文不错，应该与特班的勤学密不可分。

当时，日本经历了明治维新，接受了西学，国力大增，成就斐然。日本与中国距离近，是个值得学习的榜样，于是，为了学习西学，蔡元培引导学生学日语，并传授自己的经验。经过一段时间的勤学苦练，特班学生大多都能读日文书了，甚至可以翻译日文书籍。李叔同就是在这一时期翻译了玉川次致的法学作品《法学门径书》和之前提到过的《国际私法》。

在清政府推行新政的政治大背景下，法律、政治是20世纪初期的热门学科，李叔同对这两门课格外关注并深入学习也反映出他积极、进步的态度。《法学门径书》正文篇幅只有五六千字，内容分六章，分别讲解法学纲领、法律的意义、法律学的研究方法、法学原理的意义，以及研究法律应具备的知识基础。《国际私法》正文约两万余字。李叔同翻译介绍本书到中国，是为了给国人灌输"国际思想"，以改变洋人横行、国人失势的惨痛现实。全书分绪论、本论两部分，对国际私法进行了清晰而明确的介绍和分析，影响了中国早期现代司法人员的思想。

李叔同在南洋公学所接受的教育，使他在谙熟传统旧学之外，对域外新学也有了相当的研究。他还热衷西洋音乐，自己高价购买钢琴，学习油画等。关于他在这一时期的治学态度和思想，沪学会发起人之一穆藕初对李叔同有这样的评价："……性聪颖而耿介，书、画、琴、歌、地理、金石靡不精通；富有辩才，尤工国语；雅度高致，轶类超群，律己谨严，待人谦和。当抵制美货时，慷慨激昂，于激发国民爱国天良，非常殷切。"足见此时的李叔同已经"学通古今、兼容中外"了。

20世纪之初，新学在中国成为一种时尚，社会上不乏招摇新学、借以牟利之辈。但对李叔同来说，追求新学的目的，真的是为了自身素质的提高和对国家的一种责任感。

2002年，杭州风雨楼曾发现了一批李叔同的早期作品，有油画、水彩，还有素描。有《东瀛民居》《溪山彤云》和《出海》三幅水彩，以及钤有"演音"的印章一方。"演音"是李叔同出家后的法名，这方印章可见其在弘法期间也偶尔舞文弄墨。这些作品还包含五幅油画，分别为《富士山》《采果园》《湖边亭阁》《流水人家》和《冥想》。估计这些油画是李叔同留学日本时的作品，《富士山》有"宣统二年李岸"的署名，李岸是李叔同的曾用名。另有一些画，钤有"息霜"或"息翁"的印，息霜是李叔同的曾用名，息翁是他的自称。据说，这批画是风雨楼的楼主在 20 世纪 50 年代辗转收藏的，十分珍贵。

中国有"盛世收藏"的说法，如今政通人和、商业繁茂，自然是收藏的好时机。由于李叔同书风独特，以及众人对他的敬仰，其作品向来备受市场欢迎。

价格自然不是衡量作品全部价值的唯一标准，但对于李叔同，确实是他人格魅力、艺术成就和高尚情操的一种肯定。

寄情声色

1903年,南洋公学"墨水瓶事件"后,李叔同满腔忧愤无处发泄,加上国际风云变幻,内政纷乱、外交节节败退,让他的拳拳爱国心难以施展,难免流连风月场所,借以麻醉自己,获得短暂的宽慰。

其实,李叔同作为风度翩翩的富家子弟,在津、沪间接触往来的风尘女子实在不少,一直没有间断。就连在日本留学,还将自己的人体模特纳为妾。自古才子多风流,李叔同与坤伶杨翠喜,歌郎金娃娃,名妓朱慧百、李苹香、高翠娥……都有着千丝万缕、纠缠不清的联系。在他的早年诗文中,也留下了许多这类记述。1901年,他有《为老妓高翠娥作》:

残山剩水可怜宵,慢把琴樽慰寂寥。
顿老琵琶妥娘曲,红楼暮雨梦南朝。

这类诗词很多,既反映了传统富家子弟无法免俗的一面,也是当时社会生活的一种真实写照。但无论如何,他毕竟不同于普通"富二代"的沉湎女色,而是有着清醒的意识:"愁万斛,来收起……休怒骂,且游戏。"

1901年至1905年期间,他还常常以超级票友的身份,亲自登台演出,开始了早期的戏剧活动。

作为一位融通了艺术领域的天才,李叔同早在少年时代就是一位戏剧爱好者。在秦楼楚馆、歌台舞榭,经常可以看到他流连其中的翩翩身影。他以天然的优势结识了许多京剧名角:孙处、杨小楼、刘永奎……并对梆子坤伶杨翠喜格外欣赏,隔三岔五必去捧场。

在上海期间,他至少亲自登台演过两出戏,即京剧《蜡庙》和《白水滩》,在《蜡庙》中饰黄天霸和褚彪,在《白水滩》中饰穆玉玑。

丰子恺曾经见过李叔同当年在上海的照片,据他描述,李叔同一身"光绪年间上海最时髦的打扮":"丝绒碗帽,正中缀一方白玉,曲襟背心,

杨翠喜旧照

花缎袍子,后面挂着胖辫子,底下缎带扎脚管,双梁厚底鞋子,头抬得很高,英俊之气,流露于眉目间。真是当时上海一等的翩翩公子。"(《为青年说弘一法师》)年少多金,又才高八斗,彼时的李叔同混迹声色场中,不能自拔。

李叔同与名伶们来往酬唱,留下一段段风流佳话。其中杨翠喜和李苹香,是李叔同最为挂念和上心的。

杨翠喜,本姓陈,直隶通州(今北京)人,幼因家贫被卖给杨姓乐户从师学艺,并取名杨翠喜。因为声音清脆、样貌可人,登台不久即名声大噪。李叔同14岁时在天津天仙园与杨翠喜结识,互生情愫,此后很长一段时间,李叔同都对杨翠喜念念不忘。1901年春,李叔同回津省亲期间,曾入京暗会杨翠喜,并填词《菩萨蛮·忆杨翠喜》两首,足见其真情流露。在这两首词中,李叔同着力赞美杨翠喜的花容月貌,表达了自己对美人的一往情深。

> 燕支山上花如雪,燕支山下人如月。额发翠云铺,眉弯淡欲无。夕阳微雨后,叶底秋痕瘦;生小怕言愁,言愁不耐羞。
>
> 晚风无力垂杨懒,情长忘却游丝短。酒醒月痕低,江南杜宇啼。痴魂销一捻,愿化穿花蝶;帘外隔花阴,朝朝香梦沉。

字字句句，将美人之美描绘得淋漓尽致，可谓用尽了他的才情和真情。

杨翠喜后来卷入政治旋涡，身不由己，最终下落不明，可悲可叹。

北有杨翠喜，南有李苹香。这李苹香曾是沪上文人争宠的对象。上海妓院中最上等的妓女称作"长三"，李苹香曾被沪上小报《春江花月报》列入上海"长三"名单，足见其姿色与人气。李叔同与《春江花月报》很熟悉，他在南洋公学期间买字画的润笔费还曾请该报代收，足见交情匪浅。

从李苹香留下的几张照片来看，她体态微胖，穿着朴素，不喜奢华。或坐或卧，神情落寞，毫无生气，安安静静，目光略带忧郁，与传闻大有出入，也可能过了二八芳华，人老珠黄了。

李苹香与李叔同同岁，本姓黄，是徽州望族之后。后来家道中落，举家迁往浙江嘉兴。李苹香自幼诗词书画无一不通，然而不幸人生发生巨大变故，最终落入勾栏瓦舍。她诗词十分了得，有自己的阁号天韵，并出版了《天韵阁诗选》《天韵阁尺牍选》等。李苹香以才女之身份名扬上海，文人雅士趋之若鹜。甚至女英雄秋瑾的闺密吴淑瑛后来特地变卖珍藏的董其昌手书《史记》，为其赎身，由此可见，也是一位不俗女辈。

李叔同初会李苹香，大约是在1901年自津返沪不久。富春山民设局，座客有铁鹤、瑶赓、冷钵斋主、补园居士等。清末民初，人多喜用化名，真人难以考证。李叔同以"惜霜仙史"之名赠李苹

香七绝三首《偶得佳句留苹香》:

沧海狂澜聒地流,新声怕听四弦秋。
如何十里章台路,只有花枝不解愁。

最高楼上月初斜,惨绿愁红掩映遮。
我欲当筵拼一哭,那堪重听后庭花。

残山剩水说南朝,黄浦东风夜卷潮。
河满一声惊掩面,可怜肠断玉人箫。

从诗中来看,既有感时忧世之感,也流露出对李苹香的惺惺相惜之情。初次会面,便如此表白心迹,可见两人由文学通于内心,十分投缘。李苹香亦有诗文回赠李叔同,借咏落花感怀命运:

潮落江村客棹稀,红桃吹满钓鱼矶。
不知青帝心何忍,任尔飘零到处飞!
春归花落渺难寻,万树阴浓对月吟。
堪叹浮生如一梦,典衣沽酒卧深林!
凌波微步绿杨堤,浅碧沙明路欲迷。
吟遍美人芳草句,归来采取伴香闺。

李苹香将诗作抄录在天韵阁。此后,李叔同又有《口占赠李苹香》,诗云:

子女平分二十周,那堪更作狭邪游。
只因第一伤心事,红粉英雄不自由。

李叔同还亲自为《李苹香》一书作序,其中并未透露自己同李苹香的关系,而是从驳龚自珍《京师乐籍说》说起,大谈乐籍与文明的关系。

从文章中可以看出,李叔同从李苹香所从事的职业说开去,有理有据加以分析,虽有博美人一笑的得意行文,但其在音乐上深厚的功底和出众才华展露无遗。

时局的动荡、家族的败落,让李叔同产生了深深的忧虑,他不久之后即东渡日本,寻求另一段能够慰藉心灵的新的征程。临别写下赠诗《和补园居士韵,又赠苹香》七绝四首。

李苹香旧照

李苹香和李叔同以诗词相会,最终也以诗词作别,也算一段佳话:

> 慢将别恨怨离居,一幅新愁和泪书。
> 梦醒扬州狂杜牧,风尘辜负女相如。

> 马缨一树个侬家,窗外珠帘映碧纱。
> 解道伤心有司马,不将幽怨诉琵琶。

> 伊谁情种说神仙,恨海茫茫本孽缘。
> 笑我风怀半消却,年来参透断肠禅。

> 闲愁检点付新诗,岁月惊心鬓已丝。
> 取次花丛懒回顾,休将薄幸怨微之。

诗中李叔同以杜牧、白居易自比,将李苹香比作卓文君和琵琶女,用情至深,可远追柳永。

家国同悲

数年在上海的顺风顺水,加上这里荟萃了中外新的思想潮流,带给李叔同与昔日不同的新鲜感,使他对人生有了新的期许,身心一直处于兴奋之中,难以自抑。

在上海的这几年,李叔同是以一个风流倜傥、意气风发的青年志士形象,出现在世人面前。然而,年龄的增长,人生阅历的增多,也往往会使一个年轻人产生惆怅,发出对生命的感慨。在上海的这些年里,除了享受生活的快乐和愉悦外,这种情绪也时常浮上李叔同的心头,反映了一个青年贵族的心路历程。

1900年,李叔同在自己的作品《老少年曲》中写道:

> 梧桐树,西风黄叶飘,夕日疏林杪。花事匆匆,零落凭谁吊。朱颜镜里凋,白发愁边绕。一霎光阴,底是催人老。有千金,也难买韶华好。

词中隐隐透露出一种对时光的留恋和对不确定的未来的担心。此时，他奉母命南下，与天津的"桐达李家"拉开了空间上的距离，在一定程度上是为了情感上更洒脱，是挣脱封建家庭束缚的一种积极行动。

李叔同曾对自己的学生丰子恺说："我的母亲很多，我的母亲——生母很苦。"

母亲很多，可见自己的生母排位很低，虽然是亲生母亲，场面上也不得不依照尊卑顺序来，这让接受了西方先进思想的李叔同十分尴尬，甚至极度厌恶，而又不得不低头，心中岂能不痛苦？李叔同后来表现出的忧郁愁苦的性格特征，恐怕也与此有关。

迁居上海使李叔同有了新的生活，王氏也如此。王氏粗通文字，在城南草堂期间，与许夫人宋梦仙颇为投契，两人在一起论诗评画，十分惬意。这让颇有孝心的李叔同心情大好，常常说，这是他一生中最快活的时光。

然而，庚子时局之变，引起了一代文人的忧愤之情。李叔同于1898年离开天津后，北方迅速陷入了义和团运动的影响之下。1900年7月中旬，八国联军进犯天津，使这座城市陷入了一场空前的劫难。兄长李文熙无法顾及生意，远到河南避难。在这一背景下，李叔同于1901年初返回天津，原准备到河南省亲，最终因时局原因未能实现。重游时局动荡下破败不堪的故乡，李叔同颇多悲愤之感。回沪之后，他写了《辛丑北征泪墨》，记录此行见闻："游子无家，朔南驰逐。值此离乱,弥多感哀。城郭人民,慨怆今昔。"除了文人士子的慨叹,更有对家国糟乱的愤懑和青年的一腔热血之情。

他乘坐的船经过大沽口时,但见沿岸"残垒败灶,不堪极目",其《夜泊塘沽》云:

> 杜宇声声归去好,天涯何外无芳草。
> 春来春去奈愁何,流光一霎催人老。
> 新鬼故鬼鸣喧哗,野火燐燐树影遮。
> 月似解人离别苦,清光减作一钩斜。

上岸后,连火车也没有赶上,只得暂寻旅馆安歇。郊区更是祸患的重灾区,一片残败景象。"有新筑草舍三间,无门窗床几,人皆席地坐,杯茶盂馔,都叹缺如。强忍饥渴,兀坐长喟。"第二天乘车到天津城内,一路都是残垣断壁,更让他心绪不宁,见到旧时友人,"忽忽然如隔世"。愁绪更添了许多,正如诗中所云:"世界鱼龙混,天心何不平?岂因时事感,偏作怒号声。烛尽难寻梦,春寒况五更。马嘶残月堕,筘鼓万军营。"

此时的李叔同,甚至有些后悔自己读书太多,各种诗文一股脑儿地涌上心头,让他百感交集。总之,天津之行让他曾经的壮怀激烈都破碎无疑,充满了对国家命运的绝望和愤懑。

在天津期间,李叔同一直无法从家国的剧烈动荡中抽离出来,心绪无法宁静，也无心去河南看望兄长，不久直接登上了返回上海的轮船，在塘沽口，他写下了《登轮感赋》：

> 感慨沧桑变，天边极目时。
> 晚帆轻似箭，落日大如箕。
> 风卷旌旗走，野平车马驰。
> 河山悲故国，不禁泪双垂。

他写的另一首《轮中枕上闻歌口占》也表达了同样的愁绪：

> 子夜新声碧玉环，可怜肠断念家山。
> 劝君莫把愁颜破，西望长安人未还。

李叔同本就有阴郁气质，加上无尽的乡愁国难，相互交织，让他很长一段时间无法自拔，他隐藏着自己的真实感受，只为守护这份难得的家庭温馨与和谐。

一切的平静在1905年戛然而止。当年农历二月初五，王氏病亡于上海，年仅44岁。王氏咽气的那一刻，李叔同不在母亲身边，这成了他一生的憾事。他后来回忆说：

> 母亲不在的时候，我正在买棺木，没有亲送。我回来

第二章 叱咤沪上

已经不在了！还只四十几岁！

他还说：

> 我从二十岁至二十六岁之间的五六年，是平生最幸福的时候。此后就是不断的悲哀和忧愁，一直到出家。

王氏去世后，李叔同于当年夏天扶灵回到天津。李叔同那时是新学的先锋，在处理母亲后事上，他大胆摒弃旧的葬礼仪式，改用新式追悼会，亲写悼词并唱《挽歌》。当时的《大公报》连续报道，并刊登李叔同的哀歌，称其为"新世界之杰士"。

自从母亲去世后，他越来越感到人生的悲哀和愁苦，以后就改名哀，字哀公。在城南草堂读书奉母的"最幸福"的五六年，成了他永远的回忆。丧母后的他，也像灵魂脱离了身体，一片茫然，丝毫没有了叱咤上海的新青年形象。

前有维新变法血淋淋的失败教训，再有庚子赔款丧权辱国的条约，以及义和团之乱，家国同悲的愁绪，让李叔同心灰意冷。

在颓丧之际，他看遍中国乱象，深觉启蒙才是真正的救国之路，唯有艺术才能开启民智。在人生的反思中，他选择了留学，去日本专攻美术，辅修音乐。

1905年8月李叔同东渡日本留学。临行前作《金缕曲·留别

祖国并呈同学诸子》抒怀:

披发佯狂走。莽中原,暮鸦啼彻,几枝衰柳。破碎河山谁收拾,零落西风依旧。便惹得、离人消瘦。行矣临流重太息,说相思,刻骨双红豆。愁黯黯,浓于酒。

漾情不断淞波溜。恨年来、絮飘萍泊,遮难回首。二十文章惊海内,毕竟空谈何有。听匣底、苍龙狂吼,长夜凄风眠不得,度群生、那惜心肝剖?是祖国,忍孤负。

第三章
东游日本

初入东京学画

李叔同一到日本，立刻开始了西化的行动，首先就是把辫子剪了，改成西方最时髦的三七分，脱掉了长衫马褂，换上西装，穿上了尖头皮鞋。总之，外表和精神都焕然一新，十足的新派人士形象。

在日本，李叔同专攻美术，辅修音乐。在这里，他接触了西洋油画。西洋绘画艺术，讲究写生（尤其是人体写生），认为那是绘画的根基；而西洋人物画名作，大都是以某一个或某几个真实人物为原型的。最著名者，莫过于达·芬奇的《蒙娜丽莎》，长期以来，这幅名画和背后的故事成为画家和艺术史论家们追踪、探寻、研讨的热门话题。

李叔同是善于探索新事物的，刚一接触油画，便毫不犹豫地、疯狂地喜欢上了，投入了极大的热情，甚至还用油画画了一幅自画像（现藏于日本东京艺术大学）。

李叔同留学日本，其实是当时中国非常流行的一种接触西方、

第三章 东游日本

学习西方的社会思潮的反映。留学欧美和留学日本，是清末的重要文化现象。清政府向日本派遣留学生始于1896年，并立刻达到第一次高潮，又于1905年前后形成第二次高潮。李叔同就赶上了这第二次高潮。"为今之计，则莫如首就日本。文字同，其便一；地近，其便二；费省，其便三；有此三便，而又有当时维新之历史，足以东洋未来国之前鉴。故资本一而利十者，莫游学日本若也。"（章宗祥《日本游学指南》）

日本明治维新带来的成功深深震惊了当时的国人，加上甲午海战耻辱性战败等政治因素，在那特殊的年代出现了"去日本学习西方文化"的现象。中国开始了全面赴日留学的热潮，从政治、经济、思想到文化、艺术，不一而足，全面接受。李叔同是留学生中的杰出代表。"1906年，李岸（即李叔同）、曾延年两人进入东京美术学校西洋画科学习（1911年毕业）。进入东京美术学校

1905年李叔同留学日本

学习的中国留学生，以前一年即 1905 年（明治三十八年）进入西洋画科的黄辅周为最早，但黄辅周中途退学，作为该校毕业生，李岸、曾延年是最早的中国留学生。"

1906 年 10 月 4 日日本《国民新闻》曾有一篇相关的报道，标题为《清国人志于洋画》。这篇报道详细叙述了李叔同（当时名叫李哀、李岸）于 1906 年在日本留学生活的一个侧面。这篇报道记载了李叔同进入东京美术学校的时间为"（1906 年）九月二十九日"；李叔同留学期间，兴趣广泛，在艺术方面，以油画为最。李叔同在东京美术学校就读过程中，受到日本画家的影响，"贴满在壁上的黑田（清辉）画伯的裸体画、美人画、山水画、中村及其他的画等"，从一个侧面反映了李叔同博采众长，不独取一家地吸收西方艺术；李叔同当时作"苹果的写生"的情形，"真是潇洒的笔致啊！""早上刚刚一气画成的"，足见李叔同深厚的艺术功底，在接纳西方艺术形式上，确实迅速而游刃有余。此文介绍"一位叫李哀（李叔同）的清国人考入美术学校，而且专学洋画"，自然是对一种社会现象的报道，却有着非同寻常的意义，既表明日本在包含艺术方面已经全面领先，而且也表明国际社会开始关注此时中国社会的变化。

"上野的樱花烂漫的时节，望去确也像绯红的轻云，但花下也缺不了成群结队的'清国留学生'的速成班，头顶上盘着大辫子，顶得学生制帽的顶上高高耸起，形成一座富士山。也有解散辫子，盘得平的，除了帽来，油光可鉴，宛如小姑娘的发髻一般，还要将

第三章 东游日本

脖子扭几扭,实在标致极了。"鲁迅笔下的"清国留学生"为我们展现了一组在日本的中国留学生的形象生动的画面。

在1912年4月7日出版的《太平洋报》上,有这样一条消息:

> 吾国人留学日本入官立东京美术学校者,共八人。皆在西洋画科。曾延年、李岸(李叔同)二氏于去年四月毕业返国。此外,留东者有陈之驷、白常龄、汪□川(原文脱字,按,即汪济川)、方明远、潘寿恒、雷毓湘诸氏。又有谈谊孙氏,于六月前曾入该校雕刻科,至二年级时因事返国。

确切地说,加上比上述九人更先进入东京美术学校的中国留学生黄辅周,在辛亥之前的清末入学该校的"清国人",应为十人。而其中除谈谊孙为学习雕塑者,其余九人学习油画,李叔同位列其中,虽然不是第一个学油画的人,却是当时成绩突出者,引领了新风尚。

程淯所著的《丙午日本游记》中提到,东京美术学校的"西洋画种之木炭画室,中有吾国学生二人,一名李岸(李叔同),一名曾延年。所画以人面模型遥列几上,诸生环绕分画其各面"。侧面反映了当时中国留学生在日本学习西洋画的情景。李叔同虽然并非最早赴海外学油画的中国人,但他最早学成归国,在浙一师做老师时，引入男裸模，将西方艺术本土化。因此，李叔同是清末民初中国西画界以及美术教育界的重要人物。

目前，关于李叔同在日本留学时期的最为引人注目的实物证据，就是收藏于东京艺术大学美术馆的李叔同油画《自画像》。画的右上角有画家"李"姓以及"1911"的作画时间的签款，这是认定作者为李叔同的直接证据。作品人物采用中心构图，生动传神，色彩层次丰富，时至今日，仍能感受到作者娴熟的手法和高超的艺术表现力。这幅作品与《女》（上海专科师范学校藏）、《朝》（北京国立美术学校藏），以及《半身裸女像》等油画作品风格一致，体现了李叔同留日时期在油画创作方面的艺术造诣和表现手法。

因为李叔同广泛的社会影响力，这些作品被各大单位、机构珍藏，有完备的展览和学术研究记录。《自画像》曾于1999年入选在日本举行的"近代东亚油画——其觉醒和发展"的展览，受到社会的广泛关注，也成为中国近现代美术史研究的宝贵资料。

在李叔同留学的东京美术学校，集中了大部分中国艺术留学生，这里的油画专业由日本著名的西洋画家藤岛武二、冈田三郎助、和田英作、安井曾太郎、梅原龙三郎等主持。李叔同师从黑田清辉、中村胜治郎、长源孝太郎等，学习油画和水彩。该校成立于1887年，1889年正式开学，位于东京上野公园，是当时日本最顶级的美术学校。成立之初，主要讲授日本画和木雕，1896年成立了西画科，主持人就是黑田清辉。黑田留学法国十年，在日本颇有影响。

李叔同留学期间十分用功,对他的画,黑田清辉很是赞赏。1910年,李叔同还获得该校"精勤证书奖"。姜丹书后来评价说,他的风格属于印象派:"上人于西画,为印象派之作风,近看一塌糊涂,远看栩栩欲活,非有大天才真功力者不能也。"可见李叔同从黑田处学到了西画的精髓。在李叔同的同学中,有与他同台演出话剧的曾孝谷,稍后进入该校的还有后来岭南画派开山鼻祖高剑父等一大批名流。

李叔同是中国正规学习西洋绘画的先行者之一。他有着细腻而深入的艺术观察能力,通过实际对比和考察,认为"我国国画,发达尽早",但是"秩序杂沓,教授鲜良法,浅学之士,靡自窥测"。李叔同认识到当时我国的传统绘画已经远落后于西洋绘画的事实,倡导学习西洋绘画。同年10月,李叔同即与留日友人筹编《美术杂志》,后因日本文部省颁发《清国留学生取缔规则》而引起风潮未遂,其间写下的《水彩画法略说》《图画修得法》二文,是当时西洋绘画的启蒙文章。

图书收藏大家胡怀琛曾在著作《西洋画、西洋音乐及西洋戏剧之输入》中记载:"这个时期(清末民初),介绍西洋画到中国来的,有两个人比较的最早,一个是徐永清,前清光绪宣统间(1909年)就在徐家汇土山湾画馆绘画水彩画,兼为有正书局及商务印书馆绘习画帖等,后来上海盛行的水彩画,可说是从徐氏起头。还有一个是李叔同(李先生于民国七年在杭州大慈山出家为僧,法号弘一,最近卓锡在泉州）。他是清光绪末年的日本留学生，毕业于东京美术学校。在日本留学时代的名字叫李岸，归国后改名李息、李叔同，又字息霜。他在日本习水彩画及油画，尤善作图案画。"由此可见，李叔同不仅从文字上大声疾呼，还身体力行"介绍西洋画到中国来"。

第三章 东游日本

融通西洋艺术

李叔同到日本后，醉心于艺术海洋，全力汲取新鲜艺术营养。其实，李叔同在国内就开始接触外国人，眼界和思想都比较开阔，这些都对他在日的生活和学习大有裨益。

甲午之后，怀有不同目的的日本人陆续来华，从商的、办报的、建学堂的，不一而足，与中国知识界建立了方方面面的联系。李叔同留日之前，与这些日本人也多少有过接触，并对日本文化留下了印象。1899年末，李叔同写有《咏山茶花》一诗，为"格效东瀛诗体"之作。李叔同读完日本的作品后，再看自己创作的诗词，觉得自己的作品"如土饭尘羹矣"。这绝非媚日，而是认清事实后的无奈感慨，也是当时中国全面落后的一个侧面反映。

在《辛丑北征泪墨》中，李叔同提到他与日本红十字会上冈岩太"笔谈竟夕，极为契合。蒙勉以'尽忠报国'等语，感愧殊甚"。种种颇多机缘的结交，让李叔同对日本、日本人，以及日本艺术，都有着深深的好感。

我们知道，在南洋公学就读期间，李叔同曾随蔡元培学习翻译日本著述，并有法律方面的译作问世，足见其早就对日本有了深入了解，日语水平也值得肯定。留学日本前一年，李叔同所作关于语言文字问题的征文中，以近代日本语言渐趋统一为例证，来说明中国语言统一的重要性。他还曾投稿商务印书馆的征文，文中引用了日本学者《支那文明史》《支那哲学史》等著述中的观点，足见他对日本有着深入的研究。

从20世纪初的情形看，留学日本是一代青年学子的选择。一则是因为对日本学习西方成效的钦佩，试图通过留日寻求救国救民之策；二则也是由于中日文字相近，留学日本路近费省，条件便利。因此，在中、日政府和民间人士的鼓励下，清末形成一场大规模的留学日本运动。在这一背景下，李叔同赴日攻读，也是自然而然的事情。不过，与一般留学生多选择学习法政、教育等国内急需的科目不同，李叔同在东渡日本后，以西洋艺术作为主攻科目。在清末的留日学生中，这是非常少见的。

综上可见，李叔同留学日本，既是顺应时代的潮流，也是为实现更高的艺术追求。学习之余，他还全面参与日本的艺术活动，十分活跃。在1905年12月的《醒狮》杂志上，他发表了几篇论述图画的文章，其中包括《图画修得法》，署名惜霜。文章详细叙述了图画的起源和重要性，指出图画是表达思想感情的重要手段，一切感情无论多么复杂，只要表现手法运用得体，都可以准确表达，足见其对艺术思想理解之深彻。

李叔同把图画与语言相比较："语言者无形之图画，图画者无声之语言。"认为图画关系于德育、智育、体育，其功效不可小视。他在文中还写道："吾人见一画，必生一种特别之感情。若者严肃，若者滑稽，若者激烈，若者和蔼，若者高尚，若者潇洒，若者活泼，若者沉着，凡吾人感情所由发，即画之精神所由在。"这篇文章放到现在也是一篇质量上乘的艺术漫谈之大作。

另有一篇关于水彩画的文章《水彩画法说略》，署名惜霜。分两章论述了"水彩画材料""水彩画之临本"。他还特别强调，欧美新教法是从写生入手，但国人如果照猫画虎，拿来主义，肯定不符合思维习惯。因此，李叔同建议先习临本，熟悉色彩的用法后再写生的话，会比较容易上手。

还有一篇《美术界杂俎》，署名息霜。这是一组介绍美术界动态的短文，类似于现在的文艺消息。其中有《世界名优亨利阿文格氏》，是关于阿文格去世的消息，对其生平略作介绍，对其他日本作家、美术界活动、演出信息等做了简要介绍。足见其对当时美术界动态时刻关注，有一种时不我待的紧迫感。

李叔同于1905年秋才到日本，没过几个月就已经对西洋美术有了深刻认识，一来表明他迅速进入学习状态，如痴如狂，二来也足见其深厚而广泛的艺术底蕴和超凡的学习能力。李叔同到了日本，仿佛进入了一个全新的艺术领域,汲取着丰厚的营养。

李叔同不仅学习西洋油画,还涉猎音乐,十分勤奋。其实,他很早就对西洋音乐有兴趣,1904年为《李苹香》一书作序时,就对音乐救世表达了期望。这一年,他还为沪学会编写了《国学唱歌集初编》。留学日本过程中,李叔同对现代中国音乐做了一个巨大贡献:编辑出版了中国近代第一份专门的音乐刊物《音乐小杂志》。杂志刊出了他早在正月初写的序:

> 闲庭春浅,疏梅半开。朝曦上衣,软风入媚。流莺三五,隔树乱啼;乳燕一双,依人学语。上下宛转,有若互答,其音清脆,悦魄荡心。若夫萧辰告悴,百草不芳,寒螀泣霜,杜鹃啼血,疏砧落叶,夜雨鸣鸡。闻者为之不欢,离人于焉陨涕。又若登高山,临巨流,海鸟长啼,天风振袖,奔涛怒吼,更相逐搏,砰磅訇磕,谷震山鸣。懦夫丧魄而不前,壮士奋袂以兴起。呜呼,声音之道,感人深矣!惟彼声音,佥出天然;若夫人为,厥有音乐,天人异趣,效用靡殊。
>
> 繄夫音乐,肇自古初。史家所闻,实祖印度,埃及传之,稍事制作。逮及希腊,乃有定名,道以著矣。自是而降,代有作者。流派灼彰,新理泉达。瑰伟卓绝,突轶前贤。迄于今兹,发达益烈。云瀚水涌,一泻千里。欧美风靡,

亚东景从，盖琢磨道德，促社会之健全；陶冶性情，感精神之粹美。效用之力，宁有极矣。

乙巳十月，同人议创《美术杂志》，音乐隶焉。乃规模粗具，风潮突起。同人星散，瓦解势成。不佞留滞东京，索居寡侣，重食前说，负疚何如？爰以个人绵力，先刊《音乐小杂志》。饷我学界，期年二册，春秋刊行。蠡测莛撞，矢口惭纳。大雅宏达，不弃窳陋。有以启之，所深幸也。

呜呼，沉沉乐界，眷予情其信芳。寂寂家山，独抑郁而谁语？矧夫湘灵瑟渺，凄凉帝子之魂；故国天寒，呜咽山阳之笛。《春灯》《燕子》，可怜几树斜阳；《玉树后庭》，愁对一钩新月。望凉风于天末，吹参差其谁思；冥想前尘，辄为怅惘。旅楼一角，长夜如年。援笔未终，灯昏欲泣。

时丙午正月三日
李叔同

由此可知，李叔同等最初打算出版《美术杂志》，其中包括音乐的内容。但因为留日学界的反取缔规则运动（日本政府颁布条令对中国留学生进行限制，留学界起而抗争），陈天华蹈海自尽，大批留学生归国，《美术杂志》搁浅，这才有了《音乐小杂志》

的诞生。

20世纪初,在西方音乐文化输入的影响下,中国现代音乐开始蹒跚起步。与传统音乐相比,当时的新音乐在理念、技巧、风格、题材方面都有了较大革新,紧紧与社会的变革相统一、融合,刻上时代的烙印。这也深深影响了李叔同的音乐观与艺术观。

按照李叔同的计划,《音乐小杂志》要做成半年刊,春秋各一期,但事实上只有第一期问世。纵观李叔同的一生,有很多事都有些"虎头蛇尾",这也许是他的性格使然,也许是社会环境所致,也可能与他兴趣广泛,时常转移兴趣点有关系,谁知道呢?

这份只出了一期的64开、30页的杂志,有一幅木炭画、两张木版画,另有七篇文章、三首乐歌和五首诗词。另外,李叔同还特别绘制了一幅《乐圣比独芬像》(比独芬现译作贝多芬),并附有他亲自改编的《乐圣比独芬传》,可见贝多芬在李叔同心目中的位置。

除此之外,《昨非录》被李叔同认为是个人"忏悔作"。文章通过李叔同自我反省,指出国内音乐的通病,并热心提醒国人加以纠正。

从版块设置上看,《音乐小杂志》已经具备了现代杂志的模样,足见李叔同用心良苦。封底特别刊出两个启事,内容一为《文坛公鉴》,内称:

> 本社创办伊始,资本微弱,撰述乏人。故第一期材料

简单，趣味缺乏。至为负疚。自第二期起，当竭力扩充，并广征文艺，匡我不逮。凡论说、杂著与新撰唱歌、诗词、谣曲等，倘蒙赐教，至为欣幸！（惟已登入报章或刊入书籍者毋再寄来）他日登出后，当以李叔同氏水彩画、油画或美术、音乐书籍等奉酬。（寄稿限五月底为止）

这两则启事，一来表明自己有心做杂志，奈何人力物力所限，难免有漏误之处，并表示以后会更加努力；二来注意版权（已在其他刊物发表的稿件不再接收）保护，并付相应稿酬等，理念已相当成熟。

另一则《征求沈叔逵氏肖像》称：

沈氏为吾国乐界开幕第一人，久为海内所钦仰。今拟将沈氏肖像登入本杂志。如诸君有收藏此肖像者，请付邮寄下。他日登出者，赠水彩画一张，第二期杂志一册，日本唱歌一册。其他未登出者，亦各赠第二期杂志一册，日本唱歌一册。其肖像无论用否，他日必一律寄还。（期限至五月底为止）

这则启事所提到的沈叔逵是当时中国有名的教育家。1870年生，上海人，原名庆鸿，字叔逵，笔名心工。光绪二十三年（1897年）

春，考入南洋公学师范院。秋，公学开办外院（相当于高等小学），兼任教员，并参与编写教科书《蒙学课本》《笔算教科书》《物算教科书》和《本国初中地理教科书》，是为中国自编中、小学新教材之始。光绪二十七年（1901年），参与南洋公学下院（附属小学）的筹建并任教。同年，东渡日本，就读于弘文学院，后又转入华人所办清华学校补习日文。这期间，他看到歌曲（当时称"乐歌"）在学校教育中的重要作用，于是在留学生中发起组织"音乐讲习会"，致力于歌曲的探索和创作。后来在国内一度脍炙人口的《男儿志气高》一歌，就是他当时在东京谱写的处女作，是中国近代音乐史上最早的歌曲作品之一。光绪二十九年（1903年）回国，仍执教于南洋公学附属小学。他倡设唱歌课，并自创歌曲，自任音乐教师，很快得到社会尤其是教育界的普遍赞誉，内地学堂、社团纷纷派人来沪求教，并竞相采用他谱写的歌曲。上海著名的务本女塾、龙门师范学堂、南洋中学以及沪学会等学堂和团体，都邀请他执教唱歌课，并主办乐歌讲习会。他一生创作了180首歌曲，题材广泛，内容丰富。李叔同特别发声明征集他的肖像，可见对他的尊重，证明他在国内音乐界受到认可和推崇。

李叔同诸艺皆通，根底深厚，在传统艺术领域都有相当的造诣。在日本期间，他对西洋美术做过充分研究，深刻地体会到西洋美术与传统绘画立意、技法的区别。留学第五年即1910年，李叔同还在上海城东女学校刊《女学生》的《艺术谈》栏目中，发表过一系列论述美术的相关短文。如《科学与艺术之关系》《美术、工艺之界说》《关于图画之研究》《中西画法之比较》《普通图画教育》《西洋画法草稿》《西洋画法讲义》等,内容涉及油画、木炭画、火烙画等各种图画类型的图画画法和手工图画制作方法等。考虑到国内毕竟接触西洋艺术的人少且文化程度普遍不高,他还特别用浅显易懂的语言进行表达。

中国画家吕风子称:"严格地说起来,中国传统绘画改良运动的首倡者,应推李叔同为第一人。根据现有的许多资料看,李先生应是民国以来第一位正式把西洋绘画思想引介于我国,进而启发了我国传统绘画需要改良的思潮,而后的刘海粟、徐悲鸿等在实质上都是接受了李先生的影响,进而成为中国传统绘画改良运动的推动者。"总之,在日本的李叔同,以时不我待的精神,努力将平生所学,尽力介绍到国内,确实在音乐、艺术教育的西学东渐上,起到了推动作用。李叔同之所以将西洋美术作为专业,自然有个人艺术追求的考虑,但也流露出他心系家国的情怀和强烈的社会责任感。

春柳社里的茶花女

李叔同旅日五年，成就斐然。《音乐小杂志》因种种原因夭折后，李叔同的兴趣转移到什么上面了呢？最大的可能就是最为世人熟知的、与同学曾延年一起创立的中国最早的话剧社春柳社。春柳社在日本迅速走红，曾因演出《茶花女》《黑奴吁天录》而享誉日本，开中国话剧之先河。

其实，早在少年时代，李叔同就对演戏怀有浓厚的兴趣，读书之余，常去戏园学戏。在南洋公学读书时，他也曾粉墨登场。后来，他写作《祖国歌》时，沪学会正在演出新戏《文野婚姻》，李叔同为编剧，并赋诗一首《文野婚姻新戏册撰成感赋》：

誓度众生成佛果，为现歌台说法身。
孟旃不作吾道绝，中原滚地皆胡尘。

抵达日本后的第一个冬天，李叔同在同学的陪伴下一起观看了川上音二郎夫妇演出的日本浪人戏,立刻兴趣大发,激发起组建剧社表演新戏的冲动。在日本戏剧家藤泽浅二郎的支持下,他们发起成立了中国第一个话剧社"春柳社",在日留学生唐肯、孙宗文、黄二南、谢抗白、李涛痕、吴我尊等纷纷加盟。据说,春柳社在演出话剧《黑奴吁天录》时,鲁迅曾到场观看,真假不论,足见其影响。

1907年的春节期间,春柳社在东京神田骏河台的中国留日学生青年会公演话剧《茶花女遗事》。该剧取材自法国作家小仲马的名著《茶花女》中亚芒父亲来访和茶花女临终的两幕。由唐肯饰演亚芒,曾孝谷饰演亚芒父,李叔同则以"息霜"的名字反串女主角玛格丽特。

春柳社演出《茶花女》之所以世人皆知,流传于世,与李叔同扮演的茶花女所留的照片不无关系。照片上,李叔同扮演的玛格丽特一袭白衣,束腰长裙,头戴波浪长发发套,十分时尚,表情认真而丰富,双手置于脑后,动作

1907年李叔同反串玛格丽特

自然舒展，妩媚动人，略带一份东方的哀怨，十分经典。演出一炮打响，赢得了观众的热烈赞扬。演出刚落幕，日本戏剧家藤泽浅二郎和松居松翁便到后台向演员表示祝贺。事后，松居松翁更在《芝居》杂志上撰文盛赞："中国的俳优，使我佩服的便是李叔同君。他虽仅仅是一个留学生，但他组织的'春柳社'剧团，在乐座上演《椿姬》（即《茶花女》）一剧，实在非常好，不，与其说这个剧团好，毋宁说这位饰椿姬的李君演得非常好。化妆虽简单些，却完全是根据西洋风俗……尤其是李君的优美婉丽，绝非日本的俳优所能比拟。我当时看过以后，顿时又回想到孟玛德小剧场所见裴菲列表演的椿姬，不觉感到十分兴奋，竟跑到后台和李君握手为礼了。"获得了戏剧界重要人物的首肯，自然十分难得。

多年以后，李叔同将自己扮演茶花女的两张剧照送给他在浙江第一师范学校的学生李鸿梁。李鸿梁回忆说："当时我几乎笑了出来，这样庄严的李先生，竟会装成那袅娜的西洋女子，其腰之细，真叫人吃惊，就是西洋女子，恐怕也要减食饿肚子以后才能束成这样的细腰呢。"

戏剧家徐半梅晚年回忆说，当时他正赶上亲自送未婚妻到日本留学，所以"第一次东渡，适逢其会，看到了这一出我国话剧界可以纪念的戏剧"，演出"不仅使东京留学界感到兴趣，连日本的优伶们，也有人来参观"。

而就在当时的台下，中国著名的戏剧家欧阳予倩受到了极大震

第三章 东游日本

动和鼓舞,极力要求入社,从此走上戏剧之路,开创出一番天地。他在《自我演戏以来》一书中回忆当时的场景:"这一回的表演可说是中国人演话剧最初的一次,我当时所受的刺激最深。我在北平时曾读过《茶花女》的译本,这戏虽然只演亚芒的父亲去访马克(即玛格丽特)和马克临终的两幕,内容曲折,我非常的明白。当时我很惊奇,戏剧原来有这样一个办法!于是我很想接近那班演戏的人,我向人打听,才知道他们有个社,名叫春柳。我有一个四川同学和曾孝谷最接近,我便因他得识曾君,只见了一次面,我就入了春柳社。"他就这样认识了李叔同。欧阳予倩回忆说:"老实说,那时候对艺术有见解的只有息霜,他于中国词章很有根底,会画,会弹钢琴,字也写得好。他非常用功,除了他约定的时间以外,决不会客,在外面和朋友交际的事,从来没有。黑田清辉是他的先生,也很称赞他的画。他对于戏剧很热心,但对于文学却没有什么研究,往往在画里找材料,很注重动作的姿势,他有好些头套和衣服,一个人在房里打扮起来照镜子,自己当模特儿供自己研究,得了结果,就根据着这结果,设法到舞台上去演。"

李叔同不仅从事着传统艺术,也同样重视新的艺术形式。1907年5月10日,天津《大公报》刊出了一份未署名的《春柳社文艺研究会简章》,内容如下:

> 本社以研究文艺为目的,凡词章、书画、音乐、剧曲

皆属焉。本社每岁春秋开大会二次，或展览书画，或演奏乐剧。又定期刊行杂志，随时刊行小说、脚本、绘叶书之类（办法另有专章）。

凡同志愿入社研究文艺者为会员（应任之事务者按月应变之套费，另有专章）。

其有赞成本社宗旨者，公推为名誉成员（无会员费）。无论社员与名誉成员，凡本社所出之印刷物，皆于发行时呈各赠一份，不取价资。

同日，天津的《大公报》还刊出了《春柳社演艺部专章》，这份专章首先称：

报章朝刊一言，夕成舆论。左右社会，为效迅矣。然与目不识丁者接，而用以穷，济其穷者，有演说，有图画，有幻灯（即近时流行影戏之一种）。第演说之事迹，有声无形；图画之事迹，有形无声；兼兹二者，声应而成，社会靡然而向风，其惟演戏欤！

文章还提到，欧美国家和日本已是文明国家，演员都受到极大重视和礼遇，中国戏剧却步履维艰。文章由此阐述要设立自己专门的研究部门，以促进中国戏剧的进步和发展。

很明显，这些文章能够发表，自然是李叔同运作的结果。早年在天津期间，李叔同深受戏剧文化氛围影响，表现出对戏剧的浓厚兴趣。正是这种对戏剧的兴趣，使他成为最早对西洋话剧产生兴趣的国人之一。

对于西洋戏剧，李叔同做过认真的研究。丰子恺曾经回忆说，李叔同在南洋公学时，日文、英文都学得很好，在日本，特意购买过许多文艺图书认真学习。出家之前，曾将一套残缺的原本《莎士比亚全集》送给丰子恺，并说："这书我从前细读过，有许多笔记在上面，虽然不全，也是纪念物。"可见李叔同对莎士比亚的戏剧，确实深有研究，并非一时之兴趣。

后来，春柳社还演出了《黑奴吁天录》。这次演出同样盛况空前，剧场三千多座位全部坐满，一些观众站着看完演出。五幕剧分别是"解尔培之邸宅""工厂纪念会""生离与死别""汤姆门前之月色""雪崖之抗争"。台上演员沉浸于角色的喜怒哀乐中，台下观众则被凄凉的剧情深深感染。李叔同扮演的爱米柳夫人身着粉红色的洋装，身形窈窕，举手投足活脱西洋贵妇模样。在第四幕"汤姆门前之月色"中，他也逼真地扮演了一个醉汉的角色。

《黑奴吁天录》之后，李叔同和曾孝谷又合演独幕剧《天生相怜》。也许《茶花女》打开了李叔同男扮女装的表演天分宝库，在这幕剧中，他依然男扮女装。为了演出的真实性，他还特地参考西洋古画，专门做了一套演出服装。然而，这次演出反响褒贬不一，就连春柳社内部，也有很大分歧。李叔同也许因为文人特有的自尊受到伤害，觉得意兴阑珊起来，从此再也没有登过台。

春柳社成员并非专业演员，都是票友性质的留学生，能够取得这样的反响，已经超出他们的预期。春柳社的成功，是李叔同一生戏剧活动最高光的时刻。尽管只是昙花一现，但在中国话剧史上，李叔同却不经意间留下了浓墨重彩的一笔。

李叔同的东京日常

对于当时的留学生来说，留学必定是一段不平凡的人生经历。从 1905 年到 1911 年，在日本学习、生活的 6 年，是李叔同早年人生的一个重要阶段，客观上影响了他之后的人生道路。李叔同在此期间的生活状态，还是值得研究的。

明治三十九年（1906 年）10 月 4 日，日本《国民新闻》发表了一篇采访李叔同的报道。其中的一些细节，可见李叔同在日本生活的点滴。

当时李叔同住在下谷上三崎北町三十一番地。《国民新闻》的记者前去采访，进门之后，从里屋出来一个女佣似的矮小妇人，"李先生在家吗？"听到记者一问，"从邻室飘然漫步出来一位身材有五尺六寸的魁梧大汉，后来知道这位就是李哀先生"。李叔同身穿和服，系一条黑纱的腰带，头上留着漂亮的三七分发型，俨然一副晚清绅士的打扮。记者这样描述李叔同的居住环境："三叠大小的房间，是他的书斋。乐器、书架、椅子、茶几，掩蔽着四周墙壁，看来很是局促"。李叔同向记者介绍贴满墙壁的黑田清辉的裸体画、美人画、山水画,中村及其他画家的画等,还把记者引进里面六叠的房间,给他看刚刚画成的写生作品。记者称赞李叔同笔致潇洒,女佣从旁插了一句"那是早上刚刚一气画成的"。"李君谦然地说'是',露出了一排白齿。"

这是一段相当细致的描写,可见当时的李叔同居住条件相当优越,"桐达李家"的余荫犹在。实际上,在众多留学生中,他确实鹤立鸡群,无论是生活条件还是艺术成就。

清末留学有公费、自费两种。1901年,早期留日的章宗祥曾编有《日本留学指南》,对留日一年所需费用做过核算。"以言费用,则多者二百多,少者百余金已足"。李叔同1917年在浙江第一师范学校任教时,曾以薪水节余资助弟子刘质平在日本的学费,每月20元(当时李叔同月薪为105元)。在致刘质平的信中,李叔同称"中国留学生往往学费甚多,但日本学生每月有廿元已可敷用。不买书、买物、交际游览,可以省钱许多"。可见这一说法是有理论依据的。综合而言,一年200元当为最低程度,一般三四百元上下,就可以保证其学习和生活的需要。

官费生的标准,到1906年末始有统一规定。官费生学习普通学科,每人每年学费400元(日元)整;肄业官立高等专门学校者,每人每年学费450元(日元)整;官立大学者,每人每年学费500元(日元)整。可见,一般情况下,平均每名官费生每年费用

450~550元间。实际费用也许略有出入，但相差不大。

自费生的情形则有很大差别，其中大多数学生是上层官绅富商家庭出身——一般家庭也难以承受。据记载，在日留学生，尤其是自费生，大多抱着到了东京后，再申请官费的想法，可见官费有相当的吸引力。例如李叔同的学生刘质平，甚至为无法申请到官费常常发愁。

李叔同到底是以什么身份赴日学习的，目前尚不清楚，但以他家的资产，即使自费也并不在意。而从其在天津官场的影响力，弄到官费生资格，也不是什么难事。

留学生到日本后的生存状态，很值得一提。初到东京，留学生一般住在专为学生提供便宜食宿的旅馆（下宿屋）。周作人初到日本时，就寄宿在一处下宿屋，名为伏见馆，"房饭钱每月不出10元，中午和晚上两餐饭，早上两片面包加黄油，牛奶半磅，也就够了"。后来周等五人合租了一处房屋，每月租金35元，

1911年李叔同东京毕业

每人分摊7元，反而花费更多一些。

相比之下，李叔同独自租房住，似乎还雇了一个用人，虽然艺术生需要的空间要大些，但也要足够的经济支撑才可以做到。

在日留学期间，李叔同结识了韩亮侯。有一天，韩亮侯在日本的一个音乐会上，发现一个衣衫褴褛的座客。这种资产阶级的西洋人的音乐会里，怎么会有这样一个人呢？这门票又怎么会给他买到的呢？后来等到散场时，相互招呼之后，这人还邀请韩到他寓所去坐坐，为好奇心所驱，韩亮侯就跟他走，不多一会儿，到了一所很讲究的洋房。那人住在二楼，一进房，韩吃了一惊，满壁都是图书，书架上摆着许多艺术品，屋角还有一架钢琴，一下子把韩弄糊涂了。后来，这人又换上笔挺的西装，邀请韩亮侯到外面去吃饭。当然，这里的主人就是李叔同。

这里关于李叔同居处的描述，可证明李叔同的经济状况超出一般留学生一大截。

丰子恺说，李叔同在日本时，"是彻头彻尾的一个留学生。我见过他当时的照片：高帽子、硬领、硬袖、燕尾服、史的克、尖头皮鞋，加之长身、高鼻，没有脚的眼镜架在鼻梁上，竟活像一个西洋人"。李叔同自己也承认，他在东京的生活，过得十分讲究适意，保留了贵族的生活态度和方式。不仅如此，他还积极尝试日式的生活方式，穿和服，早浴，用长火钵。姜丹书还说李叔同后来有冷水擦身的习惯，这明显也是沿袭在日本时的生活习惯。

第三章 东游日本

作为富家子弟，李叔同不必为生计奔波，以家庭雄厚的财力支持自己惬意的留学生活。在春柳社演出时，他随意就能定制戏服，一般留学生想也不敢想。

享受生活，追求生活的品位，本就是贵族生活的日常。这种追求与财富和金钱有关，但并非全部取决于此。李叔同青少年时期的家庭状况，与中后期的经济状况有着天壤之别，但他仍然以一个精神贵族的品位要求自己，从来没有放松过。

李叔同生于优渥的官绅之家，自幼善于交际。在日本，他也自然不会封闭自己。《国民新闻》记者在采访过程中，曾经与李叔同有下面一段对话。李叔同在看到对方的名片后问："是槐南诗人的新闻社吗？""是的，槐南先生的诗也常刊登，您认识他吗？""是的，槐南、石埭、鸣鹤、种竹诸诗人，都是我的朋友，我最喜欢诗，一定投稿，请赐批评。"李叔同将这几位日本诗人称为朋友，可见他与这些人之间不是泛泛之交。有记载表明，李叔同很快就与日本有名的汉诗人森槐南、大久保湘南、永阪石埭、日下部鸣鹤、本田种竹等有了诗艺上的交往。1906年6月，李叔同加入了由森槐南、大久保湘南等领导的日本诗歌社团"随鸥吟社"。

李叔同与随鸥吟社的来往，应得益于严修、吴汝纶与随鸥吟社诸人的关系。随鸥吟社每月活动一次，并出版《随鸥集》。在《随鸥集》中，李叔同（或用李息霜、李哀等名字）曾刊登过不少诗作，也深受日本友人喜爱。在1906年7月的一次聚会中，李叔同写下了两首七绝：

> 苍茫独立欲无言，落日昏昏虎豹蹲。
> 剩却穷途两行泪，且来瀛海吊诗魂。

> 故国荒凉剧可哀，千年旧学半尘埃。
> 沉沉风雨鸡鸣夜，可有男儿奋袂来？

能够迅速融入留学所在国的圈子，确实需要一定的经济支撑，但更重要的是不能过多参与政治。李叔同学的是美术、音乐，相对更好接触日本国人。但从诗中，我们能感受到李叔同忧国忧民的情怀。

除了随鸥吟社外，李叔同与曾孝谷、陈师曾还参加日本书画界的淡白会。该会"开会时，陈设会员作品，当筵挥毫，出品交换"。李叔同等人与会时，"日人当年乞书画者尤多"。足见他能够游走于日本当地艺术界，确实有着深厚的艺术功底。

从李叔同与日本戏剧界、汉诗界、书画界交往的情形不难看出，李叔同在日本的社交范围非常广泛。

而在当时留学日本的同人中，李叔同似乎给人不近人情的印象，也许这与他严于律己的性格有关。及至后来出家，已是弘一大师的李叔同说，"弟子在家时，实是一个书呆子，未尝用意于世故人情"。

此外，李叔同还特别喜欢宠物猫，在少年时期的一封信的署名就自称"天津一只猫"。姜丹书也说，在东京留学时，李叔同曾经往家里发过一个电报，问猫安否。当时电报还属于特别贵的"奢侈品"。这样的举动，对于普通人而言，确实令人匪夷所思。

正所谓，人怕出名猪怕壮，已深有社会影响的李叔同，自然是大众拿着放大镜观察的对象。不管怎样，李叔同在日本的生活，确实给世人留下了深刻的印象。

邂逅雪子

李叔同很有文艺天赋,到了日本后,不久即痴迷于西洋绘画,尤其是裸体画。西洋绘画注重写实,进行人体写生练习是一项必修的课程,寻找裸体绘画模特,成了李叔同在刚开始学习西洋绘画时最难解决的大问题。李叔同先是在学校里用男模特进行人体写生,缺少女模特的问题一直让他愁眉不展。

11月的日本,带着浓浓凉意的秋风席卷了日本东京的各个角落。一天,正在练习绘画的李叔同见到了给他送饭的房东女儿,他灵光一闪:这个女孩不正是自己寻觅已久的最佳模特人选吗?第一次见面,这女孩只是来给他送小菜,送米饭。李叔同十分小心地提出邀请,让她当自己的女模特。这个要求让这位姑娘觉得十分突然,毕竟把裸体画在画上,即便是在新风已开的日本,也并不多见。因此,除了艺术学校外,在社会上仍然不被大众所接受。

让李叔同没有想到的是,这位日本姑娘没让他心里忐忑太久,就答应了他的请求，理由是李叔同惊人的才华和诚恳的态度打动了她。从此，这位日本姑娘便成了李叔同的专职模特。每当画作完成，李叔同都会让这位日本姑娘评价一番。随着交往的深入，二人发现了更多的共同爱好，彼此真诚相待，两人开始跨越画家和模特的界限。

转过年的春天，到了樱花烂漫时节。经过几个月的交往，李叔同第一次感受到了爱情的滋味，两个人开始同居。李叔同终于在与家乡万里之遥的国外，感受到了家庭的温馨，心情自然开朗而愉悦。

正所谓春风得意马蹄疾，他特地创作了《朝游不忍池》：小桥独立了无语，瞥见林梢升曙曦。诗中洋溢着一种朗润的情绪。从此湖边经常出现李叔同和那位日本姑娘一起散步的身影。由于李叔同对家庭的感情是含蓄而内敛的，因此，关于这位日本姑娘的文字记载很少，甚至世人无法知晓她的姓名。我们只能在关于李叔同的传说和传记里，隐约知道她的名字为雪子、诚子或叶子，但并没有实据。林子青在《弘一法师年谱》中记载，李叔同出家前，参加了一次为期十八天的断食，并留有《断食日志》，其中有两处提到"福基"。第十一日："是晚感谢神恩，誓必皈依，致福基书"；第十二日："因寒不敢起床。十一时福基遣人送棉衣来，乃披衣起。"故推测"福基"是李叔同日籍夫人的真名，却也无法定论。

李叔同的结发妻子是俞氏，李家老保姆王妈妈称二人是"龙虎斗"的命相，可见他们夫妻关系并不和睦，甚至有些紧张。李叔同独自留学日本多年，很少回中国探望，也能反映一些事实。在日本《国民新闻》记者采写的《清国留学生志于洋画》一文中，李叔同向记者自称是独身。无论出于何种目的，李叔同此时并不愿意提及自己的婚姻生活。清末留日学界，中国学生与日本女子交往并产生爱情的事，并不鲜见。因此，当年过着贵族式的考究生活，且风度翩翩、才情横溢的李叔同，与一位异国女子互生情愫，也并不让人惊讶。

在当时的中国社会，新风尚之风虽然已经劲吹，但纳妾的风气尚在延续，直到1971年香港地区废除《大清律例》，中国才正式结束纳妾的历史，但影响至今尚在。因此，虽然李叔同在国内已有妻子，再娶一位日本夫人也并不让人意外。然而，此时的李叔同也许只是想找一个精神上的慰藉，并没有把她当作侧室看待。李叔同于1911年学成回国，将日籍夫人带回上海生活，他自己除了在天津有短暂的驻留，生活重心一直在沪杭。事实上，李叔同好像对婚姻一直不太看重，或者他有自己的考虑。总之，他与天津的俞氏长期处于分居状态，日籍妻子雪子也只是他心灵的慰藉，并没有名分。

虽然雪子没有名分，李叔同也似乎有意无意不想提起她，但毕竟二人有着事实上的婚姻，所以，李家后人也都承认和接纳了雪子，并称之为"日本奶奶"。李叔同之子李端在《家事琐记》中有一段叙述："我还见过先父画的一张油画，是一位日本女人的头像，梳着高髻的大阪头，画面署名'L'，四周有木框……现在推断，'L'的署名当是'李'字的拼音字头，画中的日本女人，也可能就是我父亲从日本带回上海的那位日籍夫人。"

近来，有研究者称，李叔同的日籍夫人育有一子一女。但至今没有现身，下落成谜。

生于1930年的李准之子李曾慈，是李叔同亲自赐名的嫡孙，据说也见过这位"日本奶奶"的画像。他说，祖父的遗物中，给他印象最深的是两幅大小不同但又配对成套的油画。前面李端提到的是一幅，另一幅较大，上下高约七尺，宽约五尺，分家时归李准名下。画面是一个游泳的女人身像。在蓝绿色的水中，一裸女两臂伸张，作向水上浮动状。头发很长，发在水中漂浮，水中的形体略似模糊。画的右下角签有红油色的"Ii"两个英文字母。李曾慈说，这两幅油画当时都挂在李叔同故居的书房里。因为当时家里挂裸体画十分罕见，各界还将这件"怪事"当作茶余饭后的谈资，口口相传多年。

这位日籍夫人的画像，想必是李叔同的得意之作，他在杭州浙一师任教时的弟子李鸿梁也在回忆录里提到过。他说，有一次替李先生收拾从上海带回杭州的一只箱子，发现很多张油画是同一模特儿的。后李叔同的好友夏丏尊先生告诉他，这是他的日籍师母。

李叔同为日籍夫人雪子创作多幅油画，可佐证二人是因油画而结缘的浪漫姻缘。

这位日本女子随李叔同在上海的海伦路安家，李叔同经常带学生到家里做客,所以他的很多学生都曾见过这位日籍夫人。

姜丹书曾与李叔同共事于浙一师。他说,李叔同出家时,曾剪下自己几根胡须,包赠给日籍夫人。李叔同刚入佛门时,她曾在寺里悲伤痛哭十几天,最终也没有见到李叔同的面。另一位曾亲近弘一大师的高文显先生则记忆清晰,描绘详细:

> 但"道高一尺,魔高一丈",法师的出家,却引起情魔来缠绕了。他的日本太太携着幼儿,从南京赶来,要来和他会面。但是铁石心肠的他,连会面的因缘也拒绝她,她没有办法,只好再三地恳求,说他的爱儿也同来见他。可是他更表示坚持,吩咐通报的人,请对她说,把他当作害虎列拉病死了一样,一切家庭的事,从此不过问了。她知道他信仰宗教的热情,已迭于极点,只好带着爱儿北上天津,交给他的家属,然后自己凄然东归,以成就他的道业。(《弘一法师的生平》)

这里的记录与事实可能有出入,因为李家后人并没有见到过这个"爱儿",时间久远,也许是记忆有误。

丰子恺是李叔同最为得意的弟子,二人关系非同一般。据丰子恺女儿说,李叔同的这位日本妻子没有生育。李叔同出家时,还专门托友人将其送回了日本。按照丰李二人的关系,我们本应采信这一说法，但因为丰子恺并没有提供更多的有力证据，所以这一说法也存疑。

这位日本夫人想必对李叔同十分钟情，他出家后，她一直不肯放弃，曾找到李叔同的多年好友杨白民倾诉：日本的和尚是容许有妻室的，为什么李先生要遣返她？经杨白民解释后，日本夫人便央求杨带她到杭州，再见李叔同一面。到杭州后，杨独自到虎跑寺向弘一提出此事，弘一推辞不掉，就相偕到湖滨一旅馆。杨先去散步，两人单独会面。据说弘一给了她一只手表为纪念。这位夫人原是学医的，弘一安慰她说："你有技术，回日本去不会失业。"会面毕，弘一乘船离去，头也不回一下，夫人失声痛哭，只得与杨一同返沪，就此回日本去了。

总之，李叔同与这位日籍夫人浓情蜜意地生活了10年，随着李叔同出家二人从此天各一方了。

第四章

艺海游弋

求索津门

1911年，李叔同从日本毕业后归国，这一时期，无论是他和他的家族，还是国家，都将经历一场命运的急剧转折。

甫一回国，他就应早年的金石之交、天津高等工业学堂校长周啸麟之聘，在天津任图画教员，后来又执教于直隶模范工业学堂。这短短不到一年的时间，是李叔同南下上海后，在故乡住得最长的一次，也是最后一次。转过年开春，李叔同就永远地离开了家乡天津，自此再也没有回去过。

这一时期的天津，乃至全国，都孕育着各种动荡不安的因素。

首先，全国金融业陷入混乱动荡，天津李家在全国各地经营的钱庄相继倒闭。百万家财尽失，几近破产，李叔同却是最后一个知道家境败落的人。

此时的"桐达李家"，也如风雨飘摇中的中国一样，早已今不如昔。早在10年前的1900年，经过八国联军兵火的洗劫，天津盐商损失惨重。政府用钱的地方增多了，赋税也连年增加，盐商要维

第四章 艺海游弋

持经营,不得不拿出更多的资金。正所谓大河有水,小河才满,此时的国家作为大河已被列强榨干了,李家也难逃时代蹇运,迅速地败落了。只是因为往年的积累较丰厚,还能勉强维持运转而已。据称,1902年,李文熙将父亲传下来的河南内黄引地出让,李家从此丧失盐商身份。但此时的"桐达李家"毕竟家大业大,其名下的桐达钱铺仍是一家颇有地位的银号,"桐达李家"的津门富绅角色,还能以桐达钱铺为依托,得到社会的认可。在庚子之后,李家仅剩的钱铺业随着天津逐渐萧条的商业活动而日渐艰难。"桐达李家"这个老字号也出现在1903年底天津银号开列的钱行欠单中,此后更是每况愈下。1911年桐达钱铺无法承受行业持续凋敝带来的打击而彻底歇业,这意味着李家经济地位彻底丧失。从此,曾经富甲一方的"桐达李家"也正式踏入破落贵族的行列。家庭的这一巨大变故,国家的风雨飘摇,是李叔同后来出家不可忽视的要因。

李叔同回国之际,正是天津的钱铺纷纷倒闭、"桐达李家"正在走向衰亡的转折时期。"天涯五友"之一的袁希濂于1911年任职天津,曾多次到过李家,目睹了李家经济上衰败的过程。

欧阳予倩曾说,李叔同对家族的巨变似乎毫不在意,也从不跟别人提起。可见他对此要么独自默默承受,要么真的洒脱。李叔同长年混迹于文学圈子,风流名士往来颇多;加上时代新风气的沾染,使他成为具有强烈趋新意愿的新派人士。一度"放荡不羁"的生活,已经背离了盐商李家一举一动以《论语》为准则的行为方式,在精神气质上与"桐达李家"已有天壤之别。

李叔同天资聪颖，骨子里有一股傲气，喜欢特立独行，关于作文写诗，李叔同早就说过："世人每好作感时诗文，余雅不喜此事"，可见其我行我素的个性。

另外，李叔同与兄长李文熙的关系，似乎也并不亲密。李叔同是庶出，他和母亲王氏并不被因循守旧的李文熙重视。就连李叔同回乡葬母，二人也分歧很大。开阔了视野、接受了新思想的李叔同喜欢按照自己的意愿行事，兄弟二人矛盾、嫌隙日益加大。因此，李叔同对家庭的感情，恐怕也没有那么炽烈，有什么变故，对他而言，也许没有特别大的情感上的起伏。

另外，从交游士林的少年，到风流儒雅、感情充沛的上海滩文人，再到游学东瀛的进步青年；从浸淫传统书法诗词篆刻，以票友身份登台演出，到涉猎西洋艺术，学习油画，在东京创办话剧社，李叔同的生活轨迹，早已脱离了传统绅商的圈子，这在交结周旋于官商之间、话题不离金钱的李文熙主持的盐商家族中，已经是另类了。所谓道不同，不相为谋，不同人生履历酝酿了不同情感，李叔同与家族日渐疏离，维系兄弟二人之间感情的，仅剩下一点血脉和家族名声而已。

这一年对于李家是多事之秋，对风雨飘摇的清王朝来说更是如此，享国祚二百余年的封建王朝，终于迎来了最后的掘墓人。1911年10月，武昌起义爆发，短短几个月的时间，清政府的统治

第四章 艺海游弋

土崩瓦解，1912年元旦，中华民国成立。

新政权的出现，让李叔同欢欣鼓舞。与20世纪初的进步青年一样，李叔同一直处在一种激情澎湃的情绪中，这一年，他曾情绪激昂地填词《满江红·民国肇造志感》一首：

> 皎皎昆仑，山顶月，有人长啸。看囊底，宝刀如雪，恩仇多少？双手裂开鼷鼠胆，寸金铸出民权脑。算此生不负是男儿，头颅好。
>
> 荆轲墓，咸阳道；聂政死，尸骸暴。尽大江东去，余情还绕。魂魄化成精卫鸟，血花溅作红心草。看从今，一担好河山，英雄造！

共和政权的建立，确实让李叔同充满了澎湃的激情，他知道，天津已经不适合多留，要到新思想、新潮流的最前沿上海去，才能找到更加有意义的人生。于是，他毫不犹豫地离开了暮气沉沉的天津，奔向了朝气蓬勃的上海。

加入南社　执编《太平洋报》

1912年，早春二月，李叔同再次来到上海，任职于城东女学，教授国文、音乐。此时的上海正被新时代的气息所激荡着，气象一新，史称"上海·1912现象"。

李叔同在上海早就声名远播，在城东女学工作刚一个多月，就被当时上海的沪军都督陈其美创办的《太平洋报》聘为主笔，兼主管文艺副刊及广告。

上海作为接受新知识、新风尚的前沿，早在清末就是中国新闻出版业的重要基地。中华民国成立后，更是全国最发达的信息舆论场。李叔同加盟《太平洋报》，可谓蛟龙入海，充分施展了自己全方位的才华。他思维敏捷，精力充沛，文字流畅，深受广大读者欢迎。

李叔同是中国广告艺术的开拓者与奠基人，由他设计的《太平洋报》的广告被称为"破天荒最新式之广告"，"上海报界四十余年所未见。中国开辟以来四千余年所未见"。李叔同的广告实践不仅对改变上海当时呆板的报刊版面产生了影响，而且改变了国人对于广告的偏见，给予广告学相应的学科地位；同时，他还推动了中国新闻漫画的发展。

他充分发挥了自己绘画专长，对旧式的枯燥无味、毫无生气的广告图案进行了大刀阔斧的改革，运用生动形象、活泼多变的漫画式表现手法来发布广告，从而使中国报纸广告形式面目一新。

留洋归国的李叔同，在上海开启了他第二段精彩人生。所谓时势造英雄，他正好赶上并投身于这样一个伟大的变革时代，使他平生所学得以淋漓尽致的发挥，无论在文化建树、艺术创造，还是社会影响上，都达到了一个新的高度，为中国近代文化艺术发展做出了卓越的贡献。就连后来成为文学泰斗的鲁迅先生，当年在得到李叔同的书法作品后，都兴奋地说："朴拙圆满，浑若天成。得李师手书，幸甚！"

李叔同在任职《太平洋报》期间，与柳亚子创办了文美会。他趁工作之便，时常在《太平洋报》发文美会的消息。4月1日，文美会成立消息称：

> 叶楚伧、柳亚庐、朱少屏、曾孝谷、李叔同诸氏同发起文美会，以研究文学美术为目的。凡品学两优、得会员介绍者，即可入会。每月雅集一次，展览会员自作诗文美术作品，传观《文美》杂志，联句，各家演讲，当筵挥毫，

展览品拈阄交换等。事务所设在太平洋报社楼上编辑部内。

广告一经刊登，引起了广泛关注，入会者十分踊跃。5月14日，文美会举行了第一次雅集，与会者达到二十多人，皆为当时俊杰，赫赫有名的书画金石大家李梅庵、吴昌硕也作为客人参加。雅集上还提供作品出卖，李叔同别具一格，挂出了一幅以莎士比亚诗作为内容的书法作品，"以篆法书英字"，十分引人注目。在《文美》杂志中，也收有李叔同一幅名为《盼》的画作，"以洋画笔墨写优美之境，实为吾国画界之创格"。

《太平洋报》广告栏由李叔同负责，十分具有特色。广告与新闻同版，文字简明，注重图画，形式多样，且时常更换，以引起读者的注意。《太平洋报》曾连载有《广告丛谈》一文，署名"凡民"，即是李叔同笔名。文中指出广告实为商业战略，对广告定义、广告种类、广告方法、广告能否成为专学等问题都进行了详细论述。当时国内的广告研究尚在起步阶段，李叔同的这篇《广告丛谈》是否为第一篇研究专文，不易断定，但至少是国内较早论述广告知识和理念的一篇文章，值得研究近代广告史的学者注意。

由于李叔同在广告形式和内容上的创新，《太平洋报》的广告量十分可观，"连日收到各界广告多至数百通"，"属登广告者日必数十起，呈报界未有之盛况"，以至于广告部还时常因为无法及时刊登广告而致歉。

第四章 艺海游弋

同时，李叔同还以饱满的激情，创作了大量广告画，这些广告画形象生动，融入了中国的民族特色，具很强的趣味性。《太平洋报》广告开一时之风气，引领了广告业的发展方向。

对李叔同而言，《太平洋报》就是他个人施展才能的最美好的舞台，他陶醉在这个人生最丰富、最惬意的舞台上，肆意挥洒着自己的智慧和才能，演绎出人生最精彩的华章。

他在《太平洋报》的副刊上，还连载了《西洋画法》一文，详细介绍了西方绘画的艺术特点和绘画技巧。文章分序言、总论、分论等部分，对西洋画的概念、基本特点以及学习门径等进行说明，并就木炭画、水彩画、油画等进行分章介绍。洋洋洒洒，不一而足。这也是李叔同早年在国内传播西洋艺术的重要记载。

同时，因为他从日本回国不久，在日本也有深厚的关系，所以还在《太平洋报》发表一些日本文艺消息，介绍中国留学生在日本学习西画的情况，以及日本美术界的发展状况，开阔了国内艺术家的国际视野。

在《太平洋报》工作期间，李叔同独自住在报馆楼上的一间小屋，睡觉、看书、编稿都在这里，平常大部分时间都是把自己关在里面，很少外出。时任《太平洋报》编辑的姚鹤雏对此印象深刻。他后来回忆说，李叔同"……图书环列，往往沉酣咀嚼，致忘旦暮"。

李叔同曾经用隶书书写英文《莎翁墓志》刊印在《太平洋报》的随刊画报上。英文原文为：

Good Frend, for Jesus' sake forbeare,
To digg the dust encloased heare;
Bleste be man that spares thes stones,
And curst be he moves my bones.

李叔同译文如下：

君亦顾漫，

天之明命，

毋伤吾骨。

有保我之墓者，

吾必佑之，

有移我之骨者，

吾必殛之！

这是李叔同在日本读莎士比亚时所译，目前通行的莎翁墓志铭译文是：

看在上帝的面上，

请不要乱动我的坟墓。

妄动者将受到诅咒，

第四章 艺海游弋

保护者将得到祝福。

莎士比亚是西洋戏剧的重要开创者,李叔同研读他的作品,自然属于新派年轻人的做法,以中文隶书笔法写英文的莎士比亚墓志铭,似乎是李叔同作为精神贵族,与莎翁穿越时空的一场对话。

《太平洋报》在上海一时影响无两,引领了办报新时尚,但终究因经营困难,于1912年秋季停办。李叔同心中非常遗憾和不舍,他这一年的功绩,也将永远被后世铭记。像他这样卓尔不群的大家,是永远都不会为工作发愁的,桂花飘香时节,他接到了浙江省立两级师范学校的聘书。李叔同应好友经亨颐之邀,欣然回归曾经的本行,赴杭州任浙江省立两级师范学校(后改为浙江第一师范学校)图画、音乐教师。

任教浙江一师

浙江两级师范学堂，是清末一所重要的官立师范教育机构，1908年正式开学。当时清政府推行新政，全国各地兴起兴办新式学堂的热潮。学堂增多，师资力量自然相对短缺，为了解决师资问题，仿照日本教育体制，一批师范学堂得以成立，该校就是其中之一。

辛亥革命后，该校改为浙江省直，1913年改名浙江第一师范学校，是当时浙江乃至全国的师范教育的重点学校。

学校有着辉煌的历史，曾云集了一大批优秀的、颇具社会影响力的教师，早期有沈钧儒、沈尹默、张宗祥、周树人（鲁迅）、马叙伦等，后来朱自清、刘大白、俞平伯、陈望道、叶圣陶等文化界名人，都曾在该校任教。

李叔同是应该校校长经亨颐之邀，来到杭州的。经亨颐，字子渊，浙江上虞人，比李叔同大三岁。也曾留学日本学习师范，回国后参与该校筹建，曾任浙江两级师范学堂教务长，1913年学校更名

第四章 艺海游弋

后担任校长，同时也是浙江省教育会的会长。

经亨颐与李叔同有着共同的兴趣爱好，金石诗词、书法丹青均有所涉猎，有着先进的教学理念。他的办学思想是德、智、体、美、社交，五育并臻，注重学生个性培养和人格培养。曹聚仁曾在浙一师就读，他回忆说，他在一师读书时，"每一年级，每一班组，每一星期，总有一小时'修养'课程由经师自己来讲授；这是他和我们接触的机会。他所谓'修身'，并不是'独善其身'的'自了汉'，而是要陶养成一个对社会有贡献的'公民'。他所提倡的教育目标是人格教育，和当时上海江苏教育会派黄任之先生等所提倡的'职业教育'正相反。他要我们个个都是健全的公民：他也用了刘劭《人物志》所说的'淡'字来说明人生的极则是一碗清水；一碗清水，才可以作种种应用。职业教育，乃是有了味的水；无论什么味的水，都是有了局限性。他所聘请的教师，学问品行方面，对学生们的影响非常之大，他所标立的教育方针，也颇利于学生个性的发展"。这段言辞虽然是个人所见、所想，但教学之风气，可窥见一斑。

经亨颐在浙一师所提倡的教育方针，类似贵族素养的培养。当然浙一师与现在的贵族学校有天壤之别，这里没有豪奢的校园，只将贵族的精髓深深植根其中，从道德修养入手，从人格入手，从独立自主的思想和精神入手，注重高雅的人生情趣的培养，学校处处洋溢着典雅而不失朝气的气氛。

对于曾经的贵族和略有精神洁癖的李叔同来说，在这里任教精神上是放松的、自由的，毫无紧张感的。各地新学堂成立后，鱼龙混杂，虽然顺应潮流，不得不开设艺术、体操之类，但真正贯彻执行的少，大多以此为幌子，招揽生意罢了。经亨颐倡导的教育方针十分难能可贵，也符合李叔同的艺术趣味，这可能是李叔同能够长时间在此任教的原因。

此时的浙江省立第一师范学校，拟开设图画手工专修科，邀请李叔同担任图画和音乐教员，李叔同于是到了杭州。从这个秋季学期开始，直到出家前，他都在此以平生所学栽培桃李。

李叔同当时接受聘任时曾经提出一个条件，就是必须让学生人手一架风琴。经亨颐虽然经费紧张，却二话不说到处化缘，凑了四五十架风琴，满足了李叔同的要求。从此事可见浙一师对艺术教育的重视，也反映出李叔同对教育的执着，深受人们敬重。

尽管如此，李叔同对杭州这一份教职，也并非处处满意——人生不如意之事十之八九，能遂人愿的仅有一二而已，这也难免。李叔同在浙一师的学生吴梦非曾说，有一年的暑假，他在西湖消夏避暑，李叔同忽然来访，并邀请他一同出游。泛舟湖上，李叔同对他说过这样的话："我在日本研究艺术时，决想不到自己会回国来做一个艺术教师的！"言下之意，任教并非他的本意，只是一份糊口的营生罢了。吴后来在上海看到一份日本报纸《每日新闻》，上面记载了一段关于李叔同的消息，大意说："中国第一批留学东京美术学校的毕业生李叔同，回国以来，怀才莫展，而郑曼陀之流，专描美人月份牌,收入倒可惊人……"云云。看来,这一时期李叔同因为人生际遇的变化,心理落差较大,心情似乎并不愉快。

1913年,在给"天涯五友"之一许幻园的信中,李叔同写道:"幻园谱兄:承惠金至感。写件本当报命,奈弟近来大窘困,凡有写件,拟一律取润,乞转前途为幸。木印共十二颗,初六日刻好送下,至祷!弟息顿首。"从中可知,此时李叔同在经济上陷于困顿,许幻园曾接济过他。他对要收取求字的润笔费,有些歉意。家道中落毕竟给他带来不小的冲击,此时李叔同的经济状况已经非常紧张,或许这才是他时常抱怨的原因。

不过,在李叔同的得意弟子丰子恺看来,"社会对他(指李叔同)的待遇,一般地看来也算不得薄"。总体而言,在浙一师的这几年,李叔同的境遇应该说是不错的。他是一个开风气之先的人物,在开设的美术课程中,有石膏素描、速写、水彩、油画等内容,都是西画系统。石膏模型从日本购进,许多西画材料也要从国外买回。他组织学生到西湖写生,当时也很少见,警察往往误以为是私自测绘地图,时有干涉。至于音乐教育,按照他的要求,学校将风琴布置在礼堂四周、自修室、走廊等处。在西湖的西泠印社,举办过一次没有听众的音乐会,虽然没有客人,但气氛严肃,秩序井然。在李叔同的主持下,浙一师的艺术教育充满了贵族式的严肃而又生动的气息。

1913年,李叔同以浙江两级师范学校校友会的名义,编了一期

《白阳》杂志，李叔同为杂志写了创刊词：

> 技进于道，文以立言。悟灵感物，含思倾妍。水流无影，华落无烟。掇拾群芳，商量一编。维癸丑之暮春，是为白阳诞生之年。

在这份刊物上，有李叔同介绍西洋文艺的作品。其中《西洋乐器种类概说》（不全）一文，将西洋乐器分弦乐器、管乐器、击乐器、金制乐器四种。现可见文字主要为介绍弦乐器、管乐器的部分，文中还有各种乐器的附图，应该是李叔同发挥个人才能所绘。《石膏模型用法》分四章介绍石膏模型及其收藏、教室光线以及木炭画笔等。同一时期，李叔同在杭州《教育周报》上发表过《唱歌法大意》《西洋画特别教授法》等文。

李叔同对漫画很有研究的兴趣。在上海就职《太平洋报》时，他曾经征集过漫画作品，当时叫作"滑稽讽刺画"。在杭州期间，由李叔同指导，浙一师学生们组织过一个漫画会，每月展览一次。李叔同和浙一师学生还出过一个版画集，李叔同刻了一幅模仿小弦画的人像。1914年秋天，浙一师还使用人体模特写生，这在中国艺术史上是第一次。1915年旧金山国际博览会即将举行，李叔同组织学生报送了一批美术作品，虽然未能入选，但也可见其时李叔同对艺术教育的投入。

第四章 艺海游弋

在李叔同的带动下，浙一师的艺术氛围非常浓厚。图画、音乐两科受到前所未有的重视，学生的学艺兴趣格外高涨。每天早晨天还不亮，学生们就到琴房占座，起床号一吹，琴声齐鸣，校园中立刻震荡起交响乐般的回响。每天下午课余活动时，满校园里也飘扬着琴声。图画教室里，则挤满了练习石膏写生和木炭画像的学生。整个浙一师宛如一座艺术专修学院。

除音乐教育之外，在国文教学上，李叔同也有自己的独特见解。他曾预言中国的传统文学将遭受外来文化的冲击，发生根本的变化，如当初魏晋文学受佛教影响一样。因此，他劝告学生不要钻故纸堆，一味模仿桐城派、阳湖文派的陈腔滥调，浪费宝贵时间和精力。最

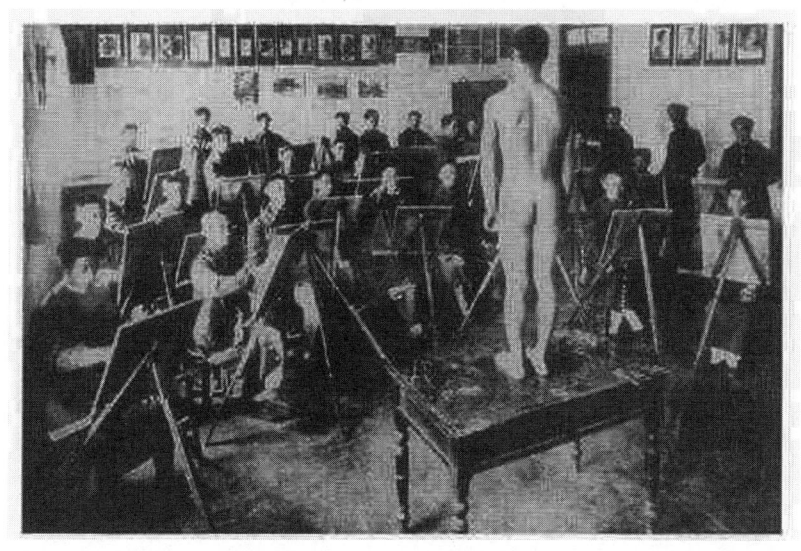

1914年李叔同（后排右起第二人）授课

好把英文版《鲁宾逊漂流记》《双城记》《劫后英雄传》等读熟，再读通日文，通过日文间接阅读欧美名著，会对文学创作有意想不到的帮助。

李叔同在浙一师六年，继续开文艺风气之先，撰写了欧洲文学史。《近世欧洲文学之概观》一文是中国人撰写的最早一部欧洲文学史，比周作人的《欧洲文学史》还要早七八年时间。文中概括介绍了近代欧洲文学的演变过程："中世古典派文学瑰伟卓绝，磅礴大气，及十八世纪初期，其势力犹不少衰。操觚簪笔家佥据是为典则，其后承法兰西革命影响，而热烈真挚之诗风，乃发展为文艺界一大新思潮，即传奇派。至十九世纪，基于自然之进步，现实观之发达，乃更尚精致之描写，及确实之诗材，而写实主义与自然主义遂现于十九世纪后半期。及夫末叶，反动力之新理想派，乃萌芽于欧洲。"因为《白阳》杂志没有连续出版，所以只刊登了第一章《英吉利文学》。

1912~1913年，李叔同和夏丏尊发起成立漫画会和乐石社，指导学生研习木刻和金石技法。此外，还印制了中国最早的现代木刻版画集《木刻画集》，现代漫画理论家毕克官称李叔同为中国木刻艺术的先驱，是最早倡导木刻艺术的人之一。

第四章 艺海游弋

一生挚友夏丏尊

李叔同受聘浙一师期间，学校还云集了夏丏尊、姜丹书、钱家治、马叙伦、单不厂等，其中，与李叔同关系最铁的自然是夏丏尊。夏丏尊是浙江上虞人，1886年生。10岁之前，家境一直很好。夏丏尊自幼从塾师读经书，清光绪二十七年（1901年）考中秀才。次年到上海中西书院（东华大学的前身）读书，后改入绍兴府学堂学习，因为家贫未能读到毕业。光绪三十一年（1905年）他借款东渡日本留学，先在东京弘文学院补习日语，毕业前考进东京高等工业学校，但因申请不到公费留学，于光绪三十三年（1907年）辍学回国。两人家庭背景类似，又都曾留学日本，志趣又都在文学、艺术，自然成为最密切的朋友和同事。

光绪三十四年（1908年），夏丏尊到杭州任浙江省两级师范学堂（浙一师）通译助教，后任国文教员。民国二年（1913年），夏丏尊自告奋勇地兼任了该校被人瞧不起的舍监一职。他提倡人格教育和爱的教育，对学生既在学习上严格要求，又在生活上给予无限关怀，深受学生爱戴。他还提倡白话文，是中国最早提倡语文教学革新的人。民国八年（1919年）与陈望道、刘大白、李次九等三人积极支持五四新文化运动，推行革新语文教育，受到反动当局和守旧势力的猛烈攻击，遂离开浙一师。

夏丏尊在浙一师担任了17年的教职，李叔同是7年。夏丏尊曾说，在这7年间，他和李叔同两人一天到晚都在一起，相处得很好。当时两人都是30岁左右的青年，在学校里，他们认真教学，课外经常隐入西湖的山水之中，十分惬意融洽。关于两人之间的情谊，从一件事上就可见一斑。夏丏尊说，李叔同一直都想离开浙一师，光跟他提过的，就有三四次。原因各不相同，有时是对学校领导的行为和决定不满，有时是有别的学校极力邀请他。

> ……他几次要走，都是经我苦劝而作罢的。甚至于有一段时间，南京高师苦苦求他任课，他已接受聘书了，因我恳留他，他不肯拂我之意，于是杭州南京两处跑，一个月中要坐夜车奔波好几次。（《弘一法师之出家》）

夏丏尊担任国文教员，喜欢读教育、性理方面的书，也教修身课，又自任舍监。李、夏二人外表一个清瘦，一个壮实，性情也大不相同，但十分合得来，相互之间没有什么隔阂。有一幅《小梅花屋图》的题跋很能看出他俩友情之深厚。当时李叔同住在学校的宿舍里，夏丏尊则租住在杭州城里的弯井巷，他家房前有一株梅树，就为居处取了一个"小梅花屋"的名字，请陈师曾画了一幅画，李叔同题了一首小令《玉连环影·为夏丏尊题小梅花屋图》：

> 屋老。一树梅花小。住个诗人，添个新诗料。爱清闲，爱天然；城外西湖，湖上有青山。

夏丏尊自己也兴趣盎然地和了一首《金缕曲》：

> 已倦吹箫矣。走江湖、饥来驱我，嗒伤吴市。租屋三间如艇小，安顿妻孥而已。笑落魄、萍踪如寄。竹屋纸窗清欲绝，有梅花、慰我荒凉意，自领略，枯寒味。
>
> 此生但得三弓地。筑蜗居、梅花不种，也堪贫死，湖上青山青到眼，摇荡烟光眉际。只不是、家乡山水。百事输人华发改，快商量、别作收场计。何郁郁，久居此！

两人这样一种亲近的关系，正如夏丏尊所言，已超出寻常友谊。夏丏尊对李叔同也十分敬佩，曾经表示："他的一言一行，随时都给我以启迪。"

李叔同虽然比夏丏尊年长6岁，但夏丏尊更显老成，而且有些多愁善感。

夏丏尊也知道自己有时候性格过于沉闷，特意刻了一方"无闷居士"印章，却不知弄巧成拙，正流露出他的内心深处早已有了无边的苦闷。

李叔同对他的这种性格倒十分欣赏，二人教学之外，经常泛舟西湖，畅谈人生，甚至为了躲避社会上沽名钓誉之辈到学校演讲卖乖，二人也会心领神会一起偷偷溜出来，共赴西湖三岛之一的湖心亭品茗清谈。

湖心亭，初名"振鹭"，始建于1552年，后改称"清喜阁"。清代所谓"钱塘十景"之一的"湖心平眺"指的就是这里的景色。置身此亭，但见四周湖水碧波浩渺，群山环列如屏，仿佛居于海上蓬莱之境，真是霞光映碧波，水色入心情，令人心旷神怡。

此外，二人都身负大才，是责任感极强的社会名流，教育思想上早已有一种天然的默契。

浙一师没有更名前，有一首校歌：

> 功如忠肃，学似文成，自古名贤数浙人。山川钟毓，代有奇英，六百同堂步后尘。文章惊海内，科学究专门，新旧中西一贯行。今日为多士，他年铸国民，教育前途定有声。

这首歌充满了豪迈而深厚的人文气息，却少了一些个性和灵秀之气。1913年,恰逢学校改名浙江第一师范学校,气象一新,二人决定为新学校写一首校歌。由夏丏尊作词,李叔同作曲。歌词如下:

> 人人人,代谢靡尽,先后觉新民。
>
> 可能可能,陶冶精神,道德润心身。
>
> 吾侪同学,负斯重任,相勉又相亲。
>
> 五载光阴,学与俱进,磐固吾根本。
>
> 叶蓁蓁,木欣欣,碧梧万枝新。
>
> 之江西,西湖滨,桃李一堂春。

这首歌多了一些温情和关怀,少了一份说教意味,氤氲着浓浓的艺术气息,更加接地气了。

李、夏二人都对艺术教育十分推崇,教学之余,还一起发起创办了《白阳》杂志。

李叔同有了诗词舞台,自然难免技痒,写了一首三部合唱《春游》,文辞优美,谱曲更是意境悠远,二者相得益彰,让人拍案叫绝:

> 春风吹面薄于纱,春人妆束淡于画。
>
> 游春人在画中行,万花飞舞春人下。
>
> 梨花淡白菜花黄,柳花委地荠花香。
>
> 莺啼陌上人归去,花外疏钟送夕阳。

夏丏尊也因为"近朱者赤",一向沉默寡言、老成持重的他在李叔同的影响下,居然也开始写起诗来。其中两篇发表在《白阳》上:

其一:
数星灯火漾疏村,四起梵钟破暮痕。
为问风流李学士,可添画意与诗魂。

其二:
远峰寒碧夕阳殷,烟翠空冥西子鬟。
欲去依依有余恋,晚红新月霁中山。

在岁月流转中,在中国大环境的风云变幻中,李叔同和夏丏尊身处浙一师自由、开放的教育氛围中领略着人生乐趣,享受着艺术的高雅,就像两个相互搀扶的坚定盟友,在晦暗的时局中找寻着难得的光明。

第四章 艺海游弋

温而厉

我们常常将"教书"和"育人"联系起来。本来，教书只是一种职业，和其他职业一样，是谋生技能；育人则突出一种责任，彰显一个人的人格魅力和感染力。若能将二者完美结合，自然会受到后人的敬仰。

就中国近代艺术教育而言，李叔同可谓启蒙者。他的教学态度和对学生的教育方法，更是超越时代的局限，成为尊重学生、言传身教的典范。

刚从日本毕业回国的李叔同，迅速转换自己的身份和穿戴打扮，"他换上粗布袍子，黑布马褂，布衣鞋子。留学时戴的金丝边眼镜，换成了黑的钢丝边眼镜"。在日本留学期间，他由内而外全面"西化"，回到国内，却也能够欣然接受传统的一身布衣，可见其兼容中西的旷达情怀。

他把艺术真真正正带进了生活中。在李叔同的带动下，学校的艺术氛围愈加浓厚。漫画家丰子恺、国画大师潘天寿、音乐家吴梦非、书画家钱君陶等，江浙一带文艺界名流，几乎都曾受到李叔同的人格魅力的熏陶和艺术素养的培养。——他要做老师，便将一身本领毫无保留地向学生倾心相授。

李叔同对待教学十分认真，他上一小时课，备课的时间大约要半天。为了最经济最有效地使用每一节课的五十分钟，他总是把必须写在黑板上的内容都预先写好。

头堂课下来，多数同学的姓名他都叫得出来，令学生们感到非常震惊，因为他们从来没有见过这么认真负责的老师。其实，态度认真的李叔同，早在上课之前就拿着学生的花名册逐一默认。他的教学态度之认真，他做人做事之严谨，可见一斑，怎不令人折服？

课堂上，总有不听话的学生，有人在音乐课上不唱歌却看别的书，有人在音乐课上随地吐痰，有人在下课回家时莽撞而用力地摔门。李叔同的教学态度，按照其得意弟子丰子恺最贴切的形容，就是"温而厉"，他会私下里向某个学生批评这种不对的做法，语气温和而严厉，然后说完向眼前的学生深鞠一躬。虽然一顿说教，但也给予了学生足够的尊重，学生们大多明事理，免不了脸红羞愧，欣然接受批评，不再犯错。

有些时候，遇到学生言行不美或犯了过失，李叔同当时不说，过后特地叫学生到他房间里去，和颜悦色，极其委婉，甚至是低声下气地谆谆教导。

他的教育艺术，主要表现在对人对事的诚敬态度上。李叔同无论在生活中,还是在课堂上,始终保持温和、认真、威严的教师形象,成为浙江第一师范的学生们眼中最受人尊敬的老师。

李叔同这种"温而厉"的教育方式,在学生心灵上产生震撼,使他们久久无法忘怀,再有过失就能立即猛醒。

后来成为著名记者的曹聚仁曾这样说:"在我们的教师中,李叔同先生最不会使我们忘记。他从来没有怒容,总是轻轻地像母亲一般吩咐我们……他给每一个人以深刻的影响。侍候他的茶房,先意承志,如奉慈亲。"

李叔同向来少说话,主张"不言之教"。凡受过他的教诲的人,都有着深刻的体会。虽然平时十分顽皮,一旦见了他,或一到他的课堂,便自然而然地严肃起来,李叔同这种自带气场是其他老师所没有的。但他对待学生并不总是严厉,和蔼可亲居多,可以说是人格的感化了。

丰子恺说:"李先生不但能作曲,能作歌,又能作画,作文,吟诗,填词,写字,治金石,演剧。他对艺术,差不多全般皆能,而且每一种都很出色。专门一种的艺术家大都不及他,要向他学习。他的教授图画音乐,有许多其他修养做背景,所以我们不得不崇敬他。借夏丏尊先生的话来讲:他做老师,有人格做背景,好比佛菩萨的有'后光'。所以他从不威胁学生,而学生见他自生敬畏,他从不严责学生(反之,他自己常常请假),而学生自会用功。他是实行人格感化的一位大教育家。我敢说:自有学校以来,自有教师以来，未有胜于李先生者也。"

他真的做到了干一行爱一行，教学期间，他努力深入了解学生，关心学生的一切，对有特长的学生，总是及时提携，不埋没人才。

他思维灵活，常常能够打破陈规。1914年秋天，李叔同首用人体模特进行美术教学，鼓励学生画人体。三年后，刘海粟在上海张园公开举办学生人体习作展览，引起轩然大波。社会上都知道了刘海粟的"裸模"，却不知李叔同更早引入，实际上，李叔同首用裸体男模，而刘海粟首用裸体女模，后者更让人"难以接受"罢了。

对待不同性情的学生，他能够做到有教无类、因材施教。当一个生性憨直、锋芒毕露，曾"冒犯"过他的学生毕业时，他还幽默而不失严肃地去信附赠一副对联："拔剑砍地，投石冲天。"既赞扬他的大无畏精神，又蕴含警戒之意，关怀之情，溢于言表。

他非常看中刘质平在音乐方面的天赋，时常鼓励他到日本深造。因为知道刘质平家庭贫困，他还从自己微薄的工资里每月挤出一部分作为刘质平学习、生活的费用，竭尽所能提供帮助，甚至为了遵守诺言，推后了遁入佛门的时间。

李叔同的恩情，在刘质平的心目中，超过了自己生身父母的关怀。他是个知恩图报的性情中人，时刻不忘李叔同的恩情。自李叔同出家以后，二十多年，他义无反顾地承担起了对恩师的供养，从未间断。

丰子恺的绘画强过音乐，李叔同让他和刘质平相互学习，互取长短，共同进步。

　　有一次，性格直爽的丰子恺同训育主任发生矛盾，甚至动起手来，按照校规会被开除。李叔同早就看出丰子恺天资聪颖，在绘画上终会有一番成就，爱才心切的他，在关键时刻挺身而出，这才让学校没有开除丰子恺。为了开阔丰子恺的艺术视野，李叔同主动辅导他日语，从而使丰子恺能够阅读更丰富的西方艺术理论知识。

　　从刘质平、丰子恺这两个学生的表现中，便可看出老师李叔同其教育精神、教育方法和人格力量的巨大而深远的影响。

　　李叔同对于教育的重视是发自内心的，诚如他那首咏菊诗所言："我到为种植，我行花未开。岂无佳色在，留待后人来。"

　　李叔同以自己几年的教学经历与实践，以自己高尚的人品，以自己的师德师风，成了令人敬仰的"教书育人"典范和楷模。他的教育精神、教育方法及其感化力量留给我们无尽的启示与思考。

　　"高高的瘦削的上半身穿着整洁的黑布马褂，宽广的可以走马的前额，细长的凤眼，隆正的鼻梁，形成威严的表情。扁平而阔的嘴唇两端常有深涡，显示和爱的表情。"——这是17岁的丰子恺进入浙江第一师范学校就读时，第一次见到李叔同的样子。都说天庭饱满的人智慧非常，李叔同先生确乎如此。

　　一群青春活泼的学生，踩着预备铃，走进李叔同的音乐课，却不想这位老师已经端坐于讲台之上，一双澄澈的眼睛淡然地望着他们,认真而威严。刚才还在唱着歌的学生,你追我闹笑声一片的学生,皆在这双澄澈而威严的眼睛下,戛然而静。仿若这门槛成了两个世界的分界线,一边红尘滚滚,一边清净庄严。李叔同就这么坐着,身旁的钢琴琴盖开着,琴谱、笔记、粉笔整齐有序地摆放在讲台上。直至上课铃响起,他起身而立,深鞠一躬,开始授课。金色的时表,反射着金子般的光辉,射向教室里每一个挺直的身影……

第四章 艺海游弋

刘质平与李叔同师生情深

刘质平，音乐艺术家、音乐教育家，是李叔同的得意弟子。原名刘毅，字季武，浙江海宁盐官人。民国初年就读于浙江第一师范学校。李叔同作为他的音乐教师，对他十分赏识，进行大力栽培，并资助他东渡日本，入东京音乐学校深造，是他人生和事业的引路人。

李叔同发现刘质平的潜质，还有一段富有传奇的故事。1912年，刘质平于海宁高级中学毕业，考入浙江两级师范学堂。入学后，学业出众，由于家境贫寒，因而获准免缴学费和书、膳、宿各费，先读预科，接着读师范科，学制五年。同年九月，他师从李叔同学习音乐，感觉到李叔同与众不同的教风：一是奉行为人师表，人格第一。课前做好一切准备，端坐钢琴旁恭候学生上课。两块活动黑板写满讲课要点，乐谱端放钢琴盖上，只等上课铃响便按预定计划授课。二是因地制宜，自编教材。所授歌曲多选外国曲调填词，所授琴曲也多选外国名曲另配伴奏谱，结合讲课传授西洋和声作曲知识。

刘质平由此茅塞顿开，热爱上了音乐。

1912年寒冬的一天，大雪纷飞，积雪及膝，刘质平照常沉浸在自己的音乐世界里。他独自在琴房反复弹琴揣摩，练习作曲，终于创作出自己的第一首曲子。此时的他，难掩内心的喜悦，拿着写好的谱子去找李叔同斧正。李叔同接过曲谱沉默良久，不置可否。刘质平也并不自信，以为哪里有误，甚至有些无地自容。因为从来没有学生自己创作曲子让老师过目。

"今晚8时35分到音乐教室，有话当面讲。"说完，李叔同依然做了他的标准动作——微微一鞠躬，送刘而去。

到了晚上，风雪并未停止，反而更加猛烈，校园里一片银色，刘质平内心既有疑惑，也有忐忑，很早就来到音乐教室。他静候在教室外，毫无怨言。时间一到，教室内灯光亮起，李叔同手中拿着一块手表，对刘质平夸赞道："时间无误，一分不差。"并让他回去，有什么打算第二天再商议，颇有些"张良拾履"的意思。

实际上，这确实是李叔同对他的一个考验，经此一事，李叔同就已经认定刘质平是可栽培的音乐之才，并决定每周为他授乐理一小时、钢琴一小时。同时，还安排他向住在杭州的美国人鲍乃德夫人学习钢琴，刘质平由此走向更加广阔的音乐舞台。

由于家庭及个人原因，1915年秋，刘质平因病休学，离开了心爱的音乐，心情郁闷至极。李叔同还专门写信鼓励他、安慰他："人生多艰，'不如意事常八九'，吾人于此，当镇定精神，勉于苦中寻乐；若处处拘泥，徒劳脑力，无济于事，适自苦耳。吾弟卧病多暇，可取古人修养格言（如《论语》之类），胸中必另有一番境界。下半年仍来杭校，不佞固甚愿与吾弟常相叙首也。祗询近佳！" 短短几句，已将人生起伏，应以平常心对待的宽慰之意，和对他未来音乐之路的坚定支持的决心，说得清清楚楚，爱才惜才之心，尽皆表露无遗。

刘质平于1916年夏毕业后在李叔同的鼓励下东渡日本，他一到东京便发现许多中国官费留学生并不受日本人欢迎，恶言恶语尽显挖苦之能事，刘质平一时之间无法适应，十分惶惑、苦闷。李叔同复信：此类事本人"居东八岁，屡见不鲜"；盖因中国官费生考试甘落人后，"大半为日人作殿军"，甚至连"作殿军之资格亦无"；勉励刘质平："君之志气甚佳，将来可为吾国人吐一口恶气！"并细心叮嘱他：

一、宜重卫生，俾免中途辍学……；

二、宜慎出场演奏，免人之嫉妒……；

三、宜慎交游，免生无谓之是非……；

四、勿躐等急进……；

五、勿心浮气躁……；

六、宜信仰宗教，求精神上之安乐……

体贴入微地传授经验,细致周到地谆谆教导,俨然是他的家长。

刘质平因接触西方音乐少,钢琴难以驾驭,在弹奏贝多芬钢琴曲时无法熟练掌握,又担心无法考入音乐学校,有负老师栽培,思想有了较大波动。李叔同在回信中鼓励道:"……愈学愈难,是君之进步,何反以是为忧!B氏曲君习之,似躐等,中止甚是。试验时宜应试,取与不取,听之可也。不佞与君交谊至厚,何至因此区区云对不起?但如君现在忧虑过度,自寻苦恼,或因是致疾,中途辍学,是真对不起鄙人矣。从前鄙人与君函内解劝君之言语,万万不可忘记,宜时时取出阅看……"看看信中内容,不仅予以安慰,还亲自教他学习方法,并说明最对不起自己的,就是终止学习,借此鼓励他继续坚持下去。

1917年秋,刘质平考入东京音乐学校专修音乐理论与钢琴,一直为学习、生活费用所苦恼,难以静心学习。李叔同还为他申请官费,但没有成功。刘质平资金无法维持,有放弃学习的意思,他在给李叔同的信中写道:"有负师望,无颜回国,惟有轻生,别无他途!"

李叔同怕刘质平做出什么出格的事儿来,连忙回信,表示自己将每月从微薄薪水中拿出20元寄交,并会一直坚持到他"毕业为止",并给刘质平立下了规矩:

一、此款系以我辈之交谊,赠君用之,并非借贷与君,因不佞向不喜与人通借贷也。故此款君受之，将来不必偿还。

二、赠款事只有吾二人知，不可与第三人谈及。家族如追问，可云有人如此而已，万不可提出姓名。

三、赠款期限，以君之家族不给学费时起，至毕业时止。但如有前述之变故，则不能赠款（如减薪水太多，则赠款亦须减少）。

四、君须听从不佞之意见，不可违背。不佞并无他意，但愿君按部就班用功，无太过不及。注意卫生，俾可学成有获，不致半途中止也。

……

字字足见其拳拳之心，令刘质平安心不少，决定留在东京继续学习。

李叔同一生最亲近信赖的学生是刘质平和丰子恺。李叔同与刘质平书信往来长达27年之久。及至后来出家，李叔同写给刘质平的信多达上百封，信中常寄墨宝两幅，一幅赠学生收藏，一幅命他送人结缘。从1915年起，刘质平就把李叔同的书信、各种文件，片纸只字乃至残稿，都视为珍宝，一一收藏。因与恩师李叔同往来密切，经常获得老师的馈赠，据刘质平自己统计，这批墨宝中，计有屏条10幅、中堂10轴、对联30副、横批3条、册页198张，另有大量零零碎碎赠给他的字画无数。后来，李叔同居住在浙江镇海伏龙寺时，刘质平曾前后侍奉一个多月。临别时，李叔同曾对他说："我自入山以来，承你供养，从不间断，我知你教书以来，没有积蓄，这批字件，将来信佛居士中，必有有缘人出资收藏，你亦可将此款作养老及子女留学费用。"所以，刘质平成为收藏弘一墨宝最多最全的人。他将它们精心装裱，特制了12口樟木箱、藤箱，精心收藏。

1919年秋，刘质平与吴梦非、丰子恺创办了我国最早的一所以培养中小学艺术师资为宗旨的私立上海专科师范学校。同年，三人发起成立"中华美育会"，出版《美育》杂志。

1921年7月，上海美专增设图画音乐系，应校长刘海粟之聘，刘质平担任图画音乐系音乐组主任。当时的上海美专居全国同类学校之首，刘质平建议在校内增设音乐系。当这一建议被采纳后，刘质平很快打开了上海美专音乐教学的新局面。他在上海美专辛勤耕耘达10年之久，被誉为上海美专音乐系的奠基人。而恩师李叔同的墨宝，虽历经动乱与贫困，刘质平从未离开过半步。

刘质平辞世二十多年之后，他珍存的李叔同遗墨及文献资料被其后人捐赠给了2004年落成的"李叔同纪念馆"，历经沧桑，这批弘一大师的墨宝最终叶落归根。

李叔同与刘质平之间的关系，用刘质平自己的话说："先师与余，名为师生，情深父子。"看他们之间诚挚的情感，诚然！

第四章 艺海游弋

结缘西泠印社

坐落于孤山南麓的西泠印社，东至白堤，西近西泠桥，南北皆临西湖。园林精雅，景致幽绝。从前门进入，粉墙黛瓦，拾阶而上，曲径通幽。在孤山之巅，可见一塔，名为"华严经塔"。华严经塔是西泠印社园林的标志性建筑，第一层塔身刻有弘一法师李叔同所书《西泠华严塔写经题偈》。

李叔同诗书画印、音乐美术、文学诗词无不精通。治印、赏印、论印，是李叔同终其一生未曾放弃的"癖好"。他在给友人的信中提道："刀尾扁尖而平齐若锥状者，为朽人自意所创。锥形之刀，仅能刻白文，如以铁笔写字也。扁尖形之刀可刻朱文，终不免雕琢之痕，不若以锥形刀刻白文能自然之天趣也。"李叔同对印学的贡献还体现在他对近代篆刻事业的弘扬上。他亲自发起成立了继"西泠印社"之后的又一印学团体——乐石社，定期雅集，并编印印社作品集和史料汇编。这也是在近代篆刻史上领风气之先之事。

李叔同与叶为铭惺惺相惜，两人相识后常在一起切磋技艺。李叔同有个学生叫邱志贞，诸暨人，特别喜欢篆刻。李叔同就介绍他去找叶为铭学习，叶为铭见他对篆刻十分上心，自然非常喜欢，就很热心地对待他，让邱志贞在山上的福连精舍深入学习。这里珍藏着古印谱，邱志贞醉心于此，所以技艺上也进步很快。到了1914年，就萌生了一个想法，与老师李叔同共同成立"乐石社"。

乐石社成立后，篆刻爱好者们把孤山视为风水宝地，时常来聚。李叔同和叶为铭关系极为密切，时常相聚于此。

1918年8月，李叔同不顾一众好友的苦苦劝留，坚持在虎跑寺剃度出家。出家前，他把诗词、书法卷轴送给了莫逆之交夏丏尊，音乐、绘画、戏剧手稿留给弟子丰子恺、刘质平等，油画作品赠给了北京国立美术专门学校，而最珍爱的93方自用印则移交给西泠印社保存。他把身外之物全部送走，净身出门了。

出家以后，李叔同并未完全切断僧俗之间的联系，与叶为铭的关系始终如一。1924年，西泠印社建华严经塔时，创社成员之一叶为铭邀请了弘一法师撰书《西泠华严经塔写经题偈》，镌刻于塔上。从此，西泠净土，华严圣地，风起铃动，佛音袅袅，远近相闻。李叔同能以僧人身份写这个题记，体现了他与西泠印社关系非同寻常。

弘一法师出家前捐赠的93方印，不像一般印章珍藏于亭台楼阁，也不是一般的馆藏，而选择放在了石匣里。

当时印社商定，将李叔同这批印章，以木盒盛之，储藏于孤山某地，并立小型石碑以志其事。

1963年秋，西泠印社召开建社60周年纪念大会，印社有关领导暨老社员（韩登安、朱醉竹）数人前往鸿雪径撬开石碑（"印藏"），取出木盒，打开一看，果见内有一批印章，石质完好。经仔细清点，实数是96方（据韩登安记为93方）。从1918年到1963年，这批印章储藏于印社鸿雪径小山洞中整整45年了。印章全部封存于石壁之中，并于壁间嵌一高9寸、宽1尺的太湖石，上镌阴文小篆"印藏"二字，旁刻跋文隶书六行，内容为："同社李君叔同，将祝发入山，出其印章移储社中，同人用昔人诗冢书藏遗意，凿壁庋藏，庶与湖山并永云尔。戊午夏叶舟识。"叶舟即叶为铭，时任西泠印社社长。

发掘记录如下：石章总数93方，共装于一石匣之内。其中有西泠印社高手如王福厂、叶舟、经亨颐、费龙丁、王匊昆等人之铁笔，亦有当时社会上之名家如徐星州、陈师曾、夏丏尊等人之刻赠；属于李叔同自镌的印章只有一枚，系白文"文涛长寿"。

人间清欢　芳草碧连天

李叔同在浙一师将自己的才华淋漓尽致地展现了出来，并通过教师身份，在学生中间产生了深远的影响。他绘画音乐俱佳，诗词书画底蕴深厚，金石篆刻深得传统影响，真真的一个文学、艺术界的大师级人物。

李叔同创作了中国第一首分声部合唱歌曲。在浙一师任教期间李叔同的音乐创作也进入最辉煌的阶段，《送别》《春游》《早秋》《西湖》等几代人吟唱不衰，《送别》便是其中的代表作之一。

其中，《春游》是中国作曲家创作的第一首分声部合唱歌曲：

> 春风吹面薄于纱，春人妆束淡于画。
> 游春人在画中行，万花飞舞春人下。
> 梨花淡白菜花黄，柳花委地荠花香。
> 莺啼陌上人归去，花外疏钟送夕阳。

第四章 艺海游弋

而他填词的《送别》更是成为学堂乐歌的代表作，至今仍有着旺盛的生命力，活跃在各种艺术舞台上。

《送别》是最为脍炙人口、流传最广的中国现代歌曲之一，已经深深地融入中国人的血液。1963年，谢铁骊根据柔石小说《二月》改编的电影《早春二月》，将《送别》作为插曲。1982年，吴贻弓导演的电影《城南旧事》，又将《送别》作为电影的主题歌。在2010年姜文导演的电影《让子弹飞》的开头，"县长"夫妇和"师爷"吃着火锅唱着歌，唱的也是这首《送别》。2013年，电影《厨子戏子痞子》电影插曲即是歌手朴树翻唱的《送别》，朴树的版本采用了完整版的歌词：

> 长亭外，古道边，芳草碧连天。晚风拂柳笛声残，夕阳山外山。
>
> 天之涯，地之角，知交半零落。一壶浊酒尽余欢，今宵别梦寒。
>
> 长亭外，古道边，芳草碧连天。问君此去几时来，来时莫徘徊。
>
> 天之涯，地之角，知交半零落。人生难得是欢聚，惟有别离多。

《送别》不涉教化，意蕴悠长，音乐与文学的结合堪称完美。

歌词以长短句结构写成,语言精练,感情真挚,意境深邃。歌曲为单三部曲式结构,每个乐段由两个乐句构成。第一、三乐段完全相同,音乐起伏平缓,描绘了长亭、古道、夕阳、笛声等晚景,衬托出寂静冷落的气氛。第二乐段第一乐句与前边形成鲜明对比,情绪变成激动,似为深沉的感叹。第二乐句略有变化地再现了第一乐段的第二乐句,恰当地表现了告别友人的离愁别绪。这些相近甚至重复的乐句在歌曲中并未给人以烦琐、絮叨的印象,反而加强了作品的完整性和统一性,赋予它一种特别的美感。"长亭外,古道边,芳草碧连天。晚风拂柳笛声残,夕阳山外山……"淡淡的笛音吹出了离愁,优美的歌词写出了别绪,听来让人百感交集。

《送别》是一首极具民国风的歌曲。无论何时何地,每当这首歌的前奏响起,都会把我们送回那个人文风情浓郁的二十世纪二三十年代。

《送别》这首歌的曲调取自约翰·庞德·奥德威作曲的美国歌曲《梦见家和母亲》,被日本的作词家犬童球溪重新填词为《旅愁》,在日本传唱不衰。李叔同用中国传统的离别元素"长亭饮酒、古道相送、折柳赠别、夕阳挥手、芳草离情"重新填词,成为传唱至今的经典。民国时期,这首歌更是学堂中的毕业歌。此外,李叔同还为学堂里的孩子们写了一首《校园夕歌》。这两首歌可称为当时孩子们人人会唱的学堂之歌。

因为后来李叔同超高的人气和社会影响力,《送别》出现了多个版本：李叔同个人版、弟子丰子恺手抄版、林海音版、陈哲甫版、《城南旧事》版等。

其中，丰子恺版本见于裘梦痕、丰子恺合编的《中文名歌五十曲》。此书收录李叔同作词作曲或者填词的歌曲作品13首。1927年8月由开明书店出版。书中刊录的是丰子恺用毛笔小楷字手抄的，具有一定的参考价值。而《城南旧事》版最大的特点，是把丰子恺版中的"地之角"变为"海之角"，不知是否有依据。无论如何，李叔同创作的这首《送别》已经成为广泛流传的一首经典诗词，被越来越多的人所推崇，这就是艺术的魅力。

弘一法师在写《送别》这首歌词时，还有一段动人的故事。弘一法师在俗时和许幻园交往甚密，有年冬天，大雪纷飞，当时上海是一片凄凉，许幻园站在门外喊出李叔同和叶子小姐，说："叔同兄，我家破产了，咱们后会有期。"说完，挥泪而别，连好友的家门也没进去。李叔同看着昔日好友远去的背影，在雪里站了整整一个小时，仿佛连叶子小姐的叫声也没听见。随后，李叔同回到屋内，把门一关，让叶子小姐弹琴，他便含泪写下"长亭外，古道边，芳草碧连天……问君此去几时来，来时莫徘徊"的传世佳作。

《送别》一词写的是人间的离别之情，道出了世间缘分的美好。从歌词的字里行间，我们也感悟到世事无常。花开花落，生离死别，无须感叹。在这首歌曲清丽的词句中，蕴藏着禅意，呈现出一幅生动感人的画面，充溢着不朽的真情，感动着后来无数的平凡人，从另外一个角度也体现了中国文化的意蕴和精神。"一音入耳来，万事离心去"。弘一法师的作品充满了人生哲理，蕴藏着禅意，给人启迪。法师的词像一杯清香的茶，清淡纯净，淡中知真味。

  由于写完这首歌之后没几年，李叔同就从绚烂的红尘，走向了平静的佛门净地，遁入空门，所以常常有人说，这是弘一法师告别红尘的前奏曲。每当听这首歌，除了能够让人产生穿越苍茫古道的沧桑感之外，总能让人联想到一个场景：佛香袅袅升起的青灯古寺里，略显孤寂的弘一法师身穿僧袍独坐，身形虽然瘦削，但他平和的脸上浮现着温暖的微笑，照耀着世人浮躁的心，让人顿时感到一种前所未有的平静和祥和。

第四章 艺海游弋

断食

佛家有断食之说,道教有辟谷之术。

断食因无须消耗太多能量,使大脑变得极度清醒。佛家以为,若以适当方法引导,断食可帮助人提升心智到最高境界。

禁食或者说饥饿疗法,顾名思义属于食疗范畴。如小儿积食可以不用药物治疗,饿两顿饭就好了;患急性胃肠炎的病人,也是不吃饭为好,配合药物治疗有利病情康复。

李叔同从表面上忙忙碌碌,实际上,他因家道中落,早就对自己公子哥的生活方式有所厌倦,加上时局崩坏,让他倍感无助,心中早有几分归隐之意,只是没有机缘罢了。他曾写过四首歌:《幽居》《归燕》《月夜》《幽人》,都是一个主题——归隐。这就如《归燕》中唱到的那样:

几日东风过寒食,
秋来花事已阑珊。

疏林寂寂双燕飞，

低徊软语语呢喃。

呢喃，呢喃，

雕梁春去梦如烟。

绿芜庭院罢歌弦，

乌衣门巷捐秋扇。

树梢斜阳淡欲眠，

天涯芳草离亭晚。

不如归去归故山，

故山隐约苍漫漫。

呢喃，呢喃，

不如归去归故山。

李叔同身为教师，责任让他无法立刻抽身离开，好在西湖空灵的氛围，常常让他身心安泰，故常常泛舟湖上，排遣内心的忧郁。然后回到杭州城里，依然全身心地投入教学之中，这就是后来流行的心灵疗法吧。然而，1916年夏日发生的一件事，倒是促成他下决心回归内心和自我，义无反顾归隐山林。

这事儿与夏丏尊有关。一天，夏丏尊在一本日本杂志上看到一篇题为《断食的修养方法》的文章。此时第一次世界大战激战正酣，一种新的时尚流行全球——断食，因此有大量类似《断食的修养方法》

第四章 艺海游弋

的书籍出版。文章说断食是身心"更新"的修养方法，自古宗教上的杰出人物都曾实行过断食修炼。

夏丏尊读了此文，倒没有别的想法，只是觉得有趣，想到李叔同广览群书，一定对时下流行的新风尚比较关注，就随手介绍给他。

不承想，这本书就像一把打开李叔同心灵的钥匙，一下子让李叔同豁然开朗，立刻就被迷住了。

"有机会最好把断食来试试。"夏丏尊知道李叔同向来忧郁深沉，只是随口开个玩笑。

李叔同却认了真，他对书中的思想颇为赞同。因为自己常常为失眠而苦恼，正好文章中介绍，断食可以治疗失眠，唤醒内心深处积蓄的能量，李叔同下定决心要试一试。

根据日本杂志上文章的介绍，实行断食在寒冷的冬天最适合。因此他将断食时间定在当年的农历十一月。寒露当天，他作了一首《题陈师曾画荷小幅》（陈师曾是画家，也是李叔同的朋友），词有小序曰：

> 师曾画荷花，昔藏余家。癸丑之秋，以贻听泉先生同学。今再展玩，为缀小词。时余将入山坐禅，慧业云云，以美荷花，亦以是自勖也。丙辰寒露。一花一叶，孤芳致洁。昏波不染，成就慧业。

断食是需要安静的地方。根据西泠印社社友叶品三的推荐，他选中了虎跑寺。他没有声张，利用假期带校工闻玉一起上了山。

他在后来写的文章中回忆道：

> 民国五年（1916年）的夏天，我因为看到日本杂志中有说及关于断食可以治疗各种疾病，当时，我就起了一种好奇心，想来断食一下。
>
> 因为我那时患有"神经衰弱症"，若实行断食后，或者可以痊愈亦未可知。要行断食时，须于寒冷的季候方宜。所以，我便预定十一月来作断食的时间。
>
> 至于断食的地点，须先考虑一下，似觉总要有个很幽静的地方才好。当时，我就和西泠印社的叶品三君来商量，结果，他说在西湖附近的虎跑寺可作为断食的地点。

虎跑寺位于西湖西南隅的大慈山下。这里群峰环峙，丛林莽莽，溪水淙淙，空气清新。这寺院始建于唐元和十四年（819年），宋代改名"法云祖塔院"。元代重建，恢复原名，明、清间又屡毁屡建，却越建越大。

虎跑寺有一位大护法，名叫丁辅之，是叶品三的朋友。于是经介绍，李叔同于农历十一月底，也就是学校放年假的时候，住进了方丈楼下的一间空房子里。

第四章 艺海游弋

在断食期间,他还详细写了断食日记,我们可以从中了解这位大师的这一段神奇的人生经历。

李叔同跟闻玉约法三章:断食中,不会任何亲友,不拆任何函件,不问任何事务。家中有事,由闻玉答复,处理完毕,待断食期满,告诉他。断食中尽量谢绝一切谈话。整天定课是练字,作印,静坐,三个段落。食量:早餐一碗粥;中餐一碗半饭,一碗菜;晚餐,一碗饭及小菜。这是平日三分之二的食量。

丙辰十一月三十日:清早六时起床,静坐片刻,盥洗,六点半以后,习字一点钟。早餐,粥大半碗。饭后,静坐。九时起,习字一点钟。午餐,饭菜各一碗,十二点后,午眠。下午二时起,静坐。三点钟起,习字。饥肠辘辘。晚餐,饭菜各一碗。饭后,静坐片刻。就寝。

丙辰十二月一日:六时起身,静坐。习字功课如昨。早餐,粥半碗,较昨日为稀。中餐,饭菜各一碗。午后小眠,习字如昨。傍晚,腹中如火焚。晚餐,饭半碗。逐日减少活动,以静、定、安、虑作生活中心。——闻玉示我,雪子有笺。闻玉待我,周切备至,此情永不能忘。

丙辰十二月二日:清晨,习字,静坐如常。早餐,稀粥半碗。中餐,改吃粥及菜合一碗。傍晚,空腹时,腹中熊熊然。坚定信念,习字、静坐。精神稍感减衰,镜中看人，略见瘦削。晚餐，稀粥半小碗。六时入睡。

丙辰十二月三日：晨起，精神渐渐轻快。早餐，稀粥半碗。中餐，稀粥一碗，菜少许，晚餐谢绝。但饮虎跑冷泉一杯。我如一老僧坐禅，闻玉赫然韦陀！精神翕然，腹内干燥减少。静坐。习字如昔。晚六时入睡，无梦。

丙辰十二月四日：晨起，泉水一大杯，绝稀粥。静坐以待寂灭，习字以观性灵。中餐，稀粥半碗，菜少许。傍晚，泉水一杯。习字，静坐如常。闻玉示我，雪子笺至。"情"可畏也。——年前曾与雪子妥商，假期来虎跑断食。晚六时入睡。

丙辰十二月五日：晨起，饮泉水一杯，清凉可口。习字，静坐。精神稳定，腹中舒泰。中餐，稀粥半小碗，无菜。晚，泉水一杯。六时入眠，安静，无梦，轻快。

丙辰十二月六日：今天，整日饮甘泉。断绝人间烟火。习字，静坐。思丝，虑缕，脉脉可见。文思渐起，不能自已。晚间日落时入眠。

丙辰十二月七日、丙辰十二月八日、丙辰十二月九日：静坐，习字，饮甘泉水。无梦，无挂，无虑，心清，意净，体轻。饮食，生理上之习惯而已！静坐时，耳根灵明，大地间无不是众生嗷嗷不息之声。

丙辰十二月十日、丙辰十二月十一日：精神界一片灵明，思潮澎湃不已。法喜无垠。

第四章 艺海游弋

丙辰十二月十二日：作印一方"不食人间烟火"，空空洞洞，既悲而欣。

丙辰十二月十三日：依法；中餐恢复稀粥半小碗。静坐，习字如昔。

丙辰十二月十四日：饮食逐次增进。治印"一息尚存"。心胃开阔，饭食奇香。

丙辰十二月十五日：丏尊当不知我来此间实行断食也。一切如旧。中餐用菜。署别名：李婴，老子云："能婴儿乎？"

丙辰十二月十六日：中餐改用饭菜。习字，静坐，作室内散步。

丙辰十二月十七日、丙辰十二月十八日：七天不食人间烟火。精神，笔力，思考奇利。

丙辰十二月十九日：整理各式书法一百余幅，印数方。回校。

从日记中我们没有看到他的清苦，倒是有一份闭关修炼的轻松愉悦之感，看来李叔同真的与佛有缘。李叔同的原意只是想来试试断食后的感觉，并无其他更多的期望。可他这回亲赴佛寺，对僧人的生活有些羡慕了。他经常看到有一位出家人从他的窗前走过，每至此时，他都会羡慕其与世无争的神气，感慨世人争名夺利的愚蠢和无奈。有时他会向和尚借来佛经看，企图在佛经中探觅另一种人生。

1916 年底李叔同断食后

为了纪念这次经历，他拍了一张照片，也写过纪念性质的书幅。其中一幅书赠朱稣典先生的横幅代表了他当时的感受。此横幅只有两个大字："灵化"，落款处写道："丙辰新嘉平入大慈山断食十七日，身心灵化，欢乐康强。"

据他讲，断食期间体验到从未有过的心灵感应，感觉在精神感悟上增进了一大步。回校之后，他没有声张，继续站在讲台上教书育人，但在内心深处，却徐徐打开了一扇通往极乐世界的大门，内心充满了无限神往。

他在另一篇文章中自述：

这一次我到虎跑寺去断食，可以说是我出家的近因了。

到了民国六年的下半年，我就发心吃素了。在冬天的时候，即请了许多的经，如《普贤行愿品》《楞严经》及《大乘起信论》等很多的佛经。自己的房里，也供起佛像来，如地藏菩萨、观世音菩萨等的像。于是亦天天烧香了。

第四章 艺海游弋

到了这一年放年假的时候,我并没有回家去,而到虎跑寺里面去过年。我仍住在方丈楼下。那个时候,则更感觉得有兴味了,于是就发心出家。

同时,就想拜那位住在方丈楼上的出家人做师父。他的名字是弘祥师。可是他不肯我去拜他,而介绍我拜他的师父。他的师父是在松木场护国寺里居住。于是,他就请他的师父回到虎跑寺来,而我也就于民国七年正月十五日受三皈依了。我打算于此年的暑假入山,预先在寺里住了一年后再实行出家的。当这个时候,我就做了一件海青,及学习两堂功课。

二月初五日那天,是我母亲的忌日,于是我就先于两天前到虎跑去,诵了三天的《地藏经》,为我的母亲回向。

到了五月底,我就提前先考试。考试之后,即到虎跑寺入山了。到了寺中一日以后,即穿出家人的衣裳,而预备转年再剃度。

及至七月初,夏丏尊居士来。他看到我穿出家人的衣裳但还未出家,他就对我说:"既住在寺里面,并且穿了出家人的衣裳,而不出家,那是没有什么意思的。所以还是赶紧剃度好!"我本来是想转年再出家的,但是承他的劝,于是就赶紧出家了。

七月十三日那一天,是大势至菩萨的圣诞,所以就在那天落发。落发以后仍须受戒的,于是由林同庄君介绍,到灵隐寺去受戒了。

就这样,通过在寺里数次断食清修,李叔同感到内心舒畅,对佛家越发虔诚,终于做出了一个重大决定——剃度出家。

第四章 艺海游弋

助缘皈佛门

我们知道,夏丏尊曾将一本日本介绍断食的杂志拿给李叔同看,之后,夏丏尊就忘得一干二净了。而且,李叔同第一次去寺里断食,并没有告知他,所以,当断食后清癯消瘦的李叔同出现在他面前时,夏丏尊大为惊叹,可也不忘"责问"了一句:"为什么不告诉我?"甚至有些后悔将断食文章拿给他看。无论如何,夏丏尊算是李叔同踏入佛门的一个助缘。

自第一次断食以后,李叔同即种下慧根,将自己看作佛门中人,并在生活中处处以佛门弟子的规范要求自己。

及至1918年(民国七年),38岁的艺术教师、曾经的津门"桐达李家"公子哥李叔同终于放下世俗的一切,在杭州出家当了和尚。这本来是个人行为,但因为他的身世和在天津、上海的影响力,经过报纸传播,很快成为轰动全国的公共事件。在李叔同的老家天津,报童边跑边卖力挥舞着手中的《大公报》,当天报纸很快被抢购一空。老乡们竞相传阅,议论纷纷:"桐达李家的三公子为嘛出家？要名有名，要钱有钱，到底有嘛想不开？"

一代才子放弃世俗生活，突然遁入空门，让人深感惋惜和不解。人们纷纷揣测他出家的原因，目前可推测的原因包括：个人对现实的有心无力；对红尘琐事带来无穷的烦扰感到无奈；被病痛折磨，寻求解脱；对佛教清修的心驰神往。

其实，本书第一章就曾提到，李叔同自幼深受佛教文化熏陶，早在内心种下善因，他从小就看透了无常，相信宇宙存在的意义。他不怕神秘未知的挑战，反而被它深深吸引，深深感动。

少年时代的李叔同就曾写出"人生犹似西山日，富贵终如草上霜"这样的诗句。人生如此短暂，就像落日迫近西山，很快就要消失不见；富贵也不会长久，如同草叶上的薄薄的一层冻霜，太阳一出来就会消失得无影无踪。这种思想境界，显然与朝阳花朵一样的年纪所应有的朝气蓬勃极不相符，弥散着看透人生的意味。少年李叔同眼中，一切都是转瞬即逝的过眼烟云，他的视线早已穿透纷纷扰扰的滚滚红尘，看到了人生的真谛。

那时的李叔同，意识到人要顺应自然规律，顺应人与自然的缘分。每个人从生到死都是处于变化当中，金钱、青春、爱情、生命，包括宇宙，一切万物都不是永恒的。物质生活给人带来的只是肉身的满足，精神生活才是激活灵魂的法器。虽然家境殷实，但李叔同对物质生活的要求很低，对名利也没有太大的欲望，只是跟随天津名士常云庄、赵元礼、唐静岩专注地学习诗词、书法、篆刻等技艺，从事艺术正是他想要的精神生活。他的朋友圈也基本都在艺术范畴，与商界、政界的人往来甚少。

练习书法时，李叔同临摹过《心经》。《心经》全名为《般若波罗蜜多心经》。"般若"是智慧，"波罗蜜多"是到彼岸。《心经》全文260余字，是佛经中字数最少的一部经典著作，因其字数最少、含义最深、传奇最多、影响最大，它和《金刚经》一样，在社会上广泛流传，影响极大。

"观自在菩萨，行深般若波罗蜜多时，照见五蕴皆空，度一切苦厄。"李叔同临摹过《心经》，不可能不熟悉《心经》那260个字。加之此前所积累的国学功底，对里面的文字理解也相对深刻。这是李叔同接近佛教的一个因缘，他出家后也曾讲过这部佛经。

李叔同父亲李世珍乐善好施，中年后信奉佛教，研习《金刚经》《楞严经》《地藏本愿经》等佛教经典，定期放生舍粥，吃斋念佛，家中的主要成员也应当是茹素的。李世珍临终之时，有僧人助念往生，李世珍在《金刚经》轻缓的吟诵声中安详而逝。发丧期间，李叔同目睹了僧人们敲击法器，念佛诵经的全过程，那种庄严的诵经声，深深感动着他。父亲与佛结缘安详而逝的画面，像一幕电影画面，永久定格在李叔同的脑海里，多年之后都难以磨灭。当时李宅附近有一座无量庵，李叔同的侄媳妇信佛，常到庵里念经。李叔同常去聆听，到家后就能将《大悲咒》《往生咒》、袁了凡的"功过格"

背下来。李宅附近除了无量庵外,还有大悲禅院。这座始建于明末清初,兴盛于康熙年间的百年古寺,因供奉大慈大悲观世音菩萨而得名,又因供奉有玄奘法师的顶骨舍利而闻名海内外。

父亲健在时,常延请僧人到家中交流佛法,李叔同静静地坐着倾听,他也曾跟随父亲到大悲禅院听法师讲经,也曾在香烟缭绕中瞪大眼睛仰视佛祖,获得内心的清凉。巧合的是,李家先后购置宅子所处的位置,均与寺庙距离不远,这能得不说是一种因缘。成年后的李叔同更加与寺庙有缘。李叔同成为弘一法师后,途经上海重访当年的城南草堂,没想到的是,草堂易主,变成僧人讲经说法的佛堂。后来李叔同到杭州教书,学校附近也有寺院,他常常到寺院

1918 年李叔同出家

散步，有时也与僧人攀谈聊天。这仿佛是前世的因缘，寺院、僧人、佛像、古树、香火，让他感到非常亲切，曾陪伴他度过难忘的童年。家中的奶妈见三少爷有了佛化的萌芽，她认为不好，就教他改念《名贤集》里的格言。《名贤集》里有"将相本无种，男儿当自强"这样励志的句子，也有"人穷志短，马瘦毛长""高头白马万两金，不是亲来强求亲，一朝马死黄金尽，亲眷如同陌路人"这样揭示世态炎凉的句子，李叔同更钟爱后者。

少年李叔同对诸如生死、命运、世相有了自己的理解，对人情世故保持客观的审视，有着超越世俗的老成持重。尽管如此，他毕竟还是凡人，有着凡人的七情六欲，有着凡人的苦恼。这些烦恼无处排遣，就被他写进了诗词、歌里、书法里。同时他也在寻找另外一种解脱的途径。就在此时，他遇到了佛教，于是从艺术领域转向宗教，以实现自身的精神超越。通过对佛教经典的研读，他解开了诸多的疑惑，但他还是无法舍弃虚妄的身躯，蜕变成一个全新的自我。就在此时，他遇到了生命中最重要的两个人，帮他敲开佛教之门，点亮那盏智慧之灯。

这两个人就是夏丏尊和马一浮。

李叔同出家看似突然，其实早有端倪。断食体验后的1917年1月至1918年3月间，有几件事可以证明他已经流露出出家的意愿。

第一件事，1918年1月8日透露出家。李叔同在写给学生刘质平的信中说：鄙人拟于数年之内入山为佛弟子，或在一二年亦未可知……现已陆续结束一切。

第二件事是1917年11月14日聆听佛法。李叔同去虎跑寺听法轮禅师说法，回来后写了书联。并在题记里写道："余于观音诞后一日，生于章武李善人家，丁巳卅八。是日入大慈山，谒法轮禅师，说法竟夕，颇有所悟。归来书此，呈奉座右。"落款是"婴居士"（注：此时李叔同改名为李婴，寓意像婴儿般新生）。

第三件事是1918年1月发心出家。李叔同居虎跑寺客房习静一个月，恰逢马一浮带彭逊之到虎跑寺出家。李叔同目睹了彭逊之剃度出家全过程，大为震撼，随即欲拜弘祥大师为师。弘祥大师认为自己资历尚浅，就请来师父了悟大师做李叔同的师父。了悟大师为其取法名演因，号弘一。

第四件事是1918年3月15日诵经。恰逢亡母忌日，李叔同到虎跑寺诵了三日《地藏经》，为母亲回向（注：佛教用语，指自己所修的功德不愿独享，而将之转给他人）。之后做了一件海青，每日做两堂佛课。

第五件事是1918年3月间（安排时间）给刘质平写信。信中写道："不佞自知世寿不永（仅有十年左右），又从无始以来，罪孽至深，故不得不赶紧发心修行。自去腊（去年）受马一浮大士之熏陶，渐有所悟。世味日淡，职务多荒。近来请假，逾课时之半，就令勉强再延时日，必外贻旷职之讥（人皆谓余有神经病），内受疚心之苦……不佞即拟宣布辞职，暑假后不再任事矣。所藏音乐书，拟以赠君,望君早返国收领(能在五月内最妙),并可为最后之畅聚。不佞所藏之书物,近日皆分赠各处,五月以前必可清楚。秋初即入山习静,不再轻易晤人。剃度之期,或在明年。"

以上五件事,均离不开夏丏尊和马一浮两位好友的助缘。

夏丏尊是启发李叔同出家的助缘人。正是因为夏丏尊与李叔同偶然说起断食可以使人身心更新,产生巨大的精神力量,李叔同才到虎跑寺进行断食体验,前后共21天。

李叔同正式剃度前,夏丏尊曾问他:"你真的想好了?"

李叔同答:"想好了。"

见夏丏尊落泪,李叔同说:"我先在这里做个居士,修行一年再说。"

夏丏尊见李叔同虽然身着海青,但却留着头发和胡须,和寺庙里的和尚相比,显得不伦不类。

夏丏尊赌气说:"这样做居士,究竟不彻底,索性做了和尚,倒爽快。"

夏丏尊没有想到,他的这句气话,反倒坚定了李叔同出家的决心。仅隔一天,李叔同就举行了落发仪式。

夏丏尊又来看望李叔同,他呆呆地愣在那里,一个光头和尚正冲他笑。

夏丏尊问:"叔同,何时受的剃度?"

李叔同答:"我已不叫李叔同了,以后叫我弘一和尚吧。昨天剃度的，恰巧是大势至菩萨日。"

夏丏尊埋怨："不是说暂时做居士修行，不剃度的吗？"

李叔同说："我是按照你的意思办的呀，你不是说我不僧不俗地待在这里，倒不如索性做了和尚。我想想，你说得也对，便照着你的意思做了。从今以后，我就是佛门一沙弥，尽自己所能做些弘法利生的事。我们是多年知交，以后还望得到你的照拂。"

李叔同出家后，对夏丏尊十分感谢，认为正是由于夏丏尊的因缘，使他得以实现了夙愿。

李叔同曾说："我的出家，大半由于这位夏居士的助缘，此恩永不能忘！"夏丏尊对此却颇为不安，内疚了一辈子。

李叔同临终前曾写下一偈："君子之交，其淡如水。执象而求，咫尺千里。问余何适，廓尔亡言。华枝春满，天心月圆。"送给夏丏尊。他依然在感谢这位生命中重要的助缘人。

马一浮为李叔同打通研习佛法的通道。李叔同在杭州浙江一师教书那几年，深感时代动荡所带来的流弊，从心底厌恶有些教师只教书不育人，只拿薪水却不从精神上净化学生的心灵，让他们识别什么是真善美。

为了让学生们开阔视野，他常在课余时间，带学生们参加各类文化活动。有一次李叔同带丰子恺到马一浮家做客，两人切磋国学、哲学、佛学。李叔同与马一浮年龄相仿，二人在艺术上惺惺相惜，但在佛学研究方面，马一浮是李叔同的前辈，说老师也

第四章 艺海游弋

不为过。

在马一浮看来，佛学与儒学是互通的，他常常对人讲"儒佛兼摄"：真正的修行人，应该掌握用佛学与儒学互补的方法，因为儒家式的修养与佛教徒的修行最终还是要达到同一个目标，即提高道德修养，过滤心灵的杂质，抵达灵魂的清凉之境。"菩提涅槃是一性，尧舜孔佛是一人"，这一观念对李叔同理解佛教很有启发。

李叔同是一个从小接受孔孟文化的儒者，也曾担负着求取功名、荣耀门楣的重任，无奈科考失利，又逢家道中落，诸事艰辛，他的内心也曾出现过人生亦幻亦真的镜像。生活的窘迫和养家的责任，让这个孤傲清高的知识分子，不得不纵身一跃到泥沙俱下的社会中讨生活。无论是在上海《太平洋报》副刊做编辑，还是在杭州浙江一师当教师，那仅仅是一份养家糊口的工作，他要适应职场里的各种规则，要学会圆滑地为人处世，要违心地应酬各种饭局。

虽然李叔同当时在美术、音乐、书法等领域中被称为大师，世人对他刮目相看，但在人心浮躁的年代，再难看到灵魂撞击的火花，再难听到心灵交融的圣歌，他只能守着最后一片心灵净土，寻找清澈的河流和一叶小舟。

在这种情境下，作为一个艺术家，他除了进行艺术创作还能如何？如果连艺术创作都无法完成自我救赎，他只能选择另外一种"艺术形式"——宗教。唯有如此，才能真正完成身心的净化和灵魂的蜕变，就像他在断食试验后为自己起的名字那样：李婴——如婴儿般新生。

马一浮的佛学理念与李叔同的想法不谋而合。佛法与儒学一样，不只是学问研究的对象，而且是实践中发现的真理。无论佛学还是儒学，都在于人们经过自我的深刻剖析后，可以获得道德的提升和智慧的增长。

杭州工作六年，李叔同与马一浮往来频繁，每次都会请走几部佛经回去研读。《普贤行愿品》《楞严经》《大乘起信论》《圆觉经》等佛经，是李叔同那一时期的精神食粮。后来李叔同公开说，他学佛是受马一浮先生指示的。

多年后丰子恺在《陋巷》一文中，回忆了和李叔同、马一浮在一起谈话的情形："我其实全然听不懂他们的话，只是断片地听到什么'楞严''圆觉'等名词，又有一个英语'philosophy'（哲学）出现在他们的谈话中。"再后来，马一浮介绍李叔同到杭州虎跑寺习静，一次正好赶上马一浮的朋友彭逊之的出家仪式，李叔同被眼前的场景震撼了。虎跑寺内香雾缭绕，僧人并立，沉郁的钟声飘荡在寺院上空。主持剃度的了悟大师步入殿内，端坐佛像前。在引请师的引导下，彭逊之入殿，向了悟大师行礼。礼毕，了悟大师为彭逊之施行剃度。

在学佛这条道路上，李叔同始终把马一浮当作精神上的导师，

第四章 艺海游弋

马一浮潜移默化中改变着他人生的航向,这是无须辩驳的事实。

幼年的家庭影响,后来的朋友助缘,让李叔同萌生了出家的念头,而真正让他下定决心出家的原因,则是因为他的病。李叔同一生受尽各种疾病的折磨,如果不是对艺术与佛法全身心的专注,他的世寿可能活不到62岁。其间的艰辛是常人难以体会的。李叔同毕竟是吃五谷杂粮的人,无论意志如何坚强,面对难忍的病痛,他还是在字里行间流露出一些情绪。

李叔同主要患有神经衰弱症、手足麻木症、肺病三种病症。其中神经衰弱症和肺病在他出家之前就已经得到确诊,手足麻木症是出家后刺血写经所致。

李叔同出家后,曾给侄儿李圣章写信说:"神经衰弱症,始自弱冠之岁,比年亦复增剧。俟此次撰述事讫,即一意念佛,不复为劳心之业也。"也就是说,李叔同在20岁左右时,就已患上神经衰弱。

神经衰弱是一个比较宽泛的称谓,它包括抑郁、焦虑障碍、紧张性头痛、失眠、消化不良等。人们由于长期处于紧张和压力下,易出现精神兴奋和脑力疲乏现象,常伴有睡眠障碍、肌肉紧张性疼痛等。神经衰弱如果处理不当,可迁延达数年甚至数十年,如果遇到新的压力或休息不足,症状还可能会加剧。

由于当时的医学不发达,抑或是李叔同本人和家人没有意识到病情的严重性,没有进行及时、科学的治疗,这才导致李叔同中年后病情加重,他才会主动地进行断食体验,渴望到一处清幽之所安度下半生。

1929年李叔同住在承天寺,附近每天传来练习放枪、体操、唱歌之声,让他饱受骚扰之苦。返回温州时,又与二百兵士同乘一封舱船而归,途中备受"种种逼迫,种种污秽"。重居庆福寺,在关房"窗前二丈之外",又有众兵士每天"放枪喧哗"。

他在给夏丏尊的信中写道:"此生平所未经历之逆恼境,导致脑神经重伤。"神经衰弱让李叔同饱受煎熬,感受颇深,甚至在僧人为神经衰弱者进行临终助念时,他也充分考虑到对方的感受。他在《人生之最后》中说:"以余经验言之,神经衰弱者,病时甚畏引磬及小木鱼声,因其声尖锐,刺激神经,反令心神不宁。若依余意,应免除引磬小木鱼,仅用音声助念,最为妥当。或改为大钟大磬大木鱼,其声宏壮,闻者能起肃敬之念,实胜于引磬小木鱼也……"

李叔同的肺病是在《太平洋报》工作期间加重的。1912年夏,由于连日的加班熬夜,饮食不规律,李叔同积劳成疾,导致咯血。整夜失眠,再加之肺病哮喘,让他痛苦不堪,心情郁郁。他用一首《人病》的诗抒发咯血时的感受:"人病墨池干,南风六月寒。肺枯红叶落,身瘦白衣宽。入世儿侪笑,当门景色阑。昨宵梦王母,猛忆少年欢。"

李叔同说:人生病之后,砚台也干了,不能写作,夏季六月吹着南风却觉得寒冷。心肺枯干好像秋天飘落的枯叶,身体消瘦衣服也变得宽大。走到外面使同伴看了发笑,站在门前使景色变得难看。

昨夜梦中到了天宫，猛然想起少年时的欢乐情景。李叔同认为，自己离死不远了，早死也未尝不是一件好事，至少肉体得到了解脱。出家后的李叔同肺病频发直至圆寂。学生劝他就医，他笑曰："小病从医，大病从死。今是大病，从它死好。有求死之心并非坏事，死心塌地念佛，要么病好，要么往生。"

疾病的折磨，让李叔同向往幽静生活，寺院无疑是最佳的休养之所。再者，神经衰弱和肺病不是肢体的残疾，所以他还像健全的人一样，总有能做的事：读经、念佛、写字、散步、打坐、弘法，全身心投入去做事，不想病、不谈病。李叔同骨子里还是一个文人，无论遇到肉体上的病痛，还是精神上的折磨，对人生的体验都较常人为切，对境遇的感悟也较常人为深。寺院的秘境，佛法的微妙，可缓解他肉体与精神之疼痛，开阔了他的思想领域与人生境界。

出家后的24年间，李叔同就在这样自我营造的静谧之境中安度人生，神经衰弱症和肺病比之前有所好转。他找到了心灵的栖居之所，内心清静了，一切就都清静了。

佛语说，一切万有皆受因缘支配，非人们所得以轻忽。正所谓出之幽谷，迁之乔木，返璞归真，人格圆满。

《金刚经》云："一切有为法，如梦幻泡影；如露亦如电，应作如是观。"佛法说，一切都是幻象，早晚都会消散的，消散之后还会再聚，这就是世间的因缘。

纵观李叔同的出家，皆由因缘组成。因家庭的影响，幼年便在心中种下菩提种子，让他对生命的无常有了懵懂的认识，正所谓"人生聚散长如此，相见且欢娱"。在儒家思想的指引下，这颗善的种子生根发芽，开花结果。待他成年之后因种种机缘，得到有缘人的无私助缘，他开始向往那种虚缈无极、圣洁神秘、灵光常仰望的自由幻境，这种超越现实的愿望，加速了他遁入空门的脚步。要想摆脱尘世的烦恼，求得生命的永恒，唯有走向佛门这一种选择了。

众生病苦谁扶持，一心向佛菩萨心。病痛的折磨可以摧毁他的身体，但没有摧毁他的心志。他真心发愿，诚心拜佛，一心皈依，心无杂念，苦其心志，修其精神，过着苦行僧般的修行生活，从而完成了从艺术家向佛教徒的艰难蜕变。

李叔同如此坚定地出家，实际上早就意识到幻象的存在，随着年龄的增长，幻象越来越真实，甚至触手可及。他要打碎这些幻象，看一看外面的世界。当他站在一片世俗的废墟之上，在尘土飞扬中仰望天空，终于发现：在一个由物欲组成的文明世界，一个人根本无法完整地获得自己，因为他始终生活在纠缠的关系中，成为与自己对立的陌生人。他在违背自己真实的意愿，努力去塑造别人为他设定的形象，遗憾的是，在与现实的抗辩中他铩羽而归。人生的荒谬正在于此，人生的欢喜也正在于此。

所以，他愿意接受佛陀的教诲：当你发现自己被贪欲引诱的时候，一定要自我降服。你要做自己"心"的主人，不要做"心"的奴仆……

第四章 艺海游弋

为人处世,恪守言行合一或言出必行,事实上是一个艰难困苦而又玉汝于成的过程。而在芸芸众生之中,要想真正辨识"言必信,行必果",除了要有一双慧眼,还得"假以时日"。孔子在《论语》中说:"始吾于人也,听其言而信其行;今吾于人也,听其言而观其行。"意思是说,以前我对待人,听到他的豪言壮语就相信他会这样做;但现在我看人,听了他的话我还不能相信,还要观察他后面的所作所为。李叔同在俗38年,在佛24年,其在言行合一上的执着与决绝,在其出家前后,尤其是皈依佛门之后,体现得尤为彻底。

1918年2月,时任浙江第一师范学校教师的李叔同写信给学生刘质平说:因受马一浮大士之熏染,学佛有悟,世味日淡,罪业至深,暑假后不再任事,秋初即入山习静。

6月31日,他将书画赠予学生,将金石作品与藏印赠西泠印社封存,将钢琴等家具赠予日籍妻子。

8月19日,大势至菩萨诞辰,他身披海青,脚穿芒鞋,于杭州虎跑寺向了悟法师行剃度礼,法名演音,字弘一。

"世间再无双全法,不负如来不负卿。"从此,一个名闻遐迩、万人景从的艺术大师,皈依佛法,遁入空门,转身为一代高僧。

第五章

凡心修禅

礼别红尘 淡月无痕

美丽的西子湖畔杨柳依依、水波潋滟，没有比西湖更合适送别的了，自古至今，多少文人骚客留下了颇具江南风格的送别诗词，千古流传，让人动容。1918年的春天，一个温婉柔顺的日本女子一改常态，带着她的朋友，遍寻西湖边大大小小的寺庙，一心要找到自己出家的丈夫，最终，二人在一座叫"虎跑"的寺庙里相见了。

38岁的李叔同经过一段时间的寺庙体验，认为找到了灵魂的归宿，再也无须带着一颗漂泊的心，在路上艰难跋涉，因此毅然决然地在这里落发为僧。10年前，风华正茂的他在日本东京认识了面前的这个女人。他为她倾注了全部的感情，但如今，丈夫决定离开繁华世界，皈依佛门，而柔弱的日本妻子除了理解，再也无法给予他更多心灵上的抚慰。

二人相顾无言，唯有泪千行。都是情感内敛之人，自然不会表现得太激动。他们和随行而来的几个朋友商定一同在岳庙前临湖的

第五章 凡心修禅

素食店进餐,吃了一顿食之无味,却又不得不吃的素食饭。其间,李叔同把自己的手表交给妻子作为纪念,还平静地安慰她:"你有技术,就算回日本去也不会失业。"

饭后,二人道别。

在水天一色的灰蒙晨雾里,一南一北分乘一叶小舟。一男一女各立船头,一人着素朴僧衣,一人穿异域和服。女子盯着那僧人凝视许久,开口道:明天,我就要回国了。

僧人只是说了一句:好。

女子含泪悲唤:叔同……

僧人:请叫我弘一。

女子低头,沉默良久,问:弘一法师,请告诉我什么是爱?

僧人答:爱,就是慈悲。

答毕,转身而去,再未回头。

这是李叔同与日籍妻子最后的诀别,此后,他再无意留恋这纷繁芜杂的混沌世界、滚滚红尘。

岸边送行的人望着渐渐远去的小船失声痛哭,船上的人连头也没有再回过一次(黄炎培《我也来谈谈李叔同先生》)。

这个可怜的日本女人,可能至死也不会明白她的丈夫缘何薄情寡义至此……是啊,世间还有什么比此情此景更残忍,更让人心碎的呢?然而,已经登临人生第三境界的李叔同,又有多少人理解他呢?

这滚滚红尘中，肯定会有很多人视他为世间最薄情寡义、最自私自利的男人。他的万般才情，瞬间就会在世间烟消云散。从此，世间再无那个会作诗、会填词、会书法、会作画、会篆刻，又会音乐、会演戏的李叔同，只有后人敬仰的弘一法师！

李叔同一时间成了杭州城那个决绝、冷酷、看破红尘、心如死灰的薄情人。事实却并非如此。他在出家前曾预留了三个月的薪水，将其分为三份，其中一份连同自剪下的一绺胡须托老朋友杨白民先生，转交给自己的日籍妻子，并拜托朋友将妻子送回日本。从这一细节可以看出弘一大师内心的柔情和歉疚以及做事的细心和周到。

他在出家前曾给日本妻子写了一封信：

诚子：

关于我决定出家之事，在身边一切事务上我已向相关之人交代清楚。上回与你谈过，想必你已了解我出家一事，是早晚的问题罢了。经过了一段时间的思索，你是否能理解我的决定了呢？若你已同意我这么做，请来信告诉我，你的决定于我十分重要。

对你来讲硬是要接受失去一个与你关系至深之人的痛苦与绝望，这样的心情我了解。但你是不平凡的，请吞下这苦酒，然后撑着去过日子吧，我想你的体内住着的不

第五章 凡心修禅

是一个庸俗、怯懦的灵魂。愿佛力加被,能助你度过这段难挨的日子。

做这样的决定,非我寡情薄义,为了那更永远、更艰难的佛道历程,我必须放下一切。我放下了你,也放下了在世间累积的声名与财富。这些都是过眼云烟,不值得留恋的。

我们要建立的是未来光华的佛国,在西天无极乐土,我们再相逢吧。

为了不增加你的痛苦,我将不再回上海去了。我们那个家里的一切,全数由你支配,并作为纪念。人生短暂数十载,大限总是要来,如今不过是将它提前罢了,我们是早晚要分别的,愿你能看破。

在佛前,我祈祷佛光加持你。望你珍重,念佛的洪名。

叔同戊午七月一日

李叔同也细致地做了家人及周围朋友的思想工作,并做好了详细的安排,并非突然离家。

李叔同出家的消息在当时可是大新闻,在社会上引起了轰动和诸般猜测。尤其是他的那些多愁善感的女粉丝,突然失去了精神寄托,可谓痛彻心扉。他的得意弟子丰子恺曾经这样解释自己的恩师从艺术到宗教的人生升华:

一念放下，万般从容

当时人都诧异，以为李先生受了什么刺激，忽然"遁入空门"了。我却能理解他的心，我认为他的出家是当然的。我以为人的生活，可以分作三层：一是物质生活，二是精神生活，三是灵魂生活。物质生活就是衣食。精神生活就是学术文艺。灵魂生活就是宗教。"人生"就是这样的一个三层楼。懒得（或无力）走楼梯的，就住在第一层，即把物质生活弄得很好，锦衣玉食，尊荣富贵，孝子慈孙，这样就满足了。这也是一种人生观。抱这样的人生观的人，在世间占大多数。其次，高兴（或有力）走楼梯的，就爬上二层楼去玩玩，或者久居在里头。这就是专心学术文艺的人。他们把全力贡献于学问的研究，把全心寄托于文艺的创作和欣赏。这样的人，在世间也很多，即所谓"知识分子""学者""艺术家"。还有一种人，"人生欲"很强，脚力很大，对二层楼还不满足，就再走楼梯，爬上三层楼去。这就是宗教徒了。他们做人很认真，满足了"物质欲"还不够，满足了"精神欲"还不够，必须探求人生的究竟。他们以为财产子孙都是身外之物，学术文艺都是暂时的美景，连自己的身体都是虚幻的存在。他们不肯做本能的奴隶，必须追究灵魂的来源，宇宙的根本，这才能满足他们的"人生欲"。这就是宗教徒。世间就不过这三种人。

三层楼的说法自然让人十分形象地认识到人的境界的分层，但并非必须如现实中要想去三楼，一定要经过第一层和第二层。有很多人，从第一层直上第三层，并不需要通过第二层，甚至无须知道第二层的存在。还有许多人连第一层也懒得通过，一口气跑上三层。

弘一法师李叔同让人称道和感叹的是，他是一层一层地走上去的，并且尽到了每一层应尽的责任，正如很多熟悉他的友人对他的评价：他是个认真、细致的人。他早年对母尽孝，对家庭尽责，安安心心、泰然自若地居住第一层楼中，正如社会上的大多数人一样。中年专心研究艺术，发挥多方面的天才，便是从一楼稳步走上二层楼了。现在，内心强大的李叔同不再满足于二层楼，于是，他遵从自己的内心，向着少人问津的三层楼爬去。做和尚，修净土，持戒律，丝毫没有违和感。艺术的顶峰与宗教无限接近，二层楼扶梯的尽头自然就是三楼，所以李叔同能够由艺术升华到宗教，由儒雅才子成为弘一法师，也并非唐突了。

人的境界毕竟是摸不着看不到，有的人终其一生都无法体悟弘一法师的道心和境界。我们只需知道，李叔同达到了人生的三个境界：认识自我，超越自我，完善自我。

林语堂这样评价李叔同："他曾经属于我们的时代，却终于抛弃了这个时代，跳到红尘之外去了。"张爱玲说："不要认为我是个高傲的人，我从来不是的——至少，在弘一法师寺院围墙的外面，我是如此的谦卑。"赵朴初评价他"无尽奇珍供世眼，一轮圆月耀天心"。

其实，他并非要争着去当什么奇珍和明月，他不过是遵从自己的内心罢了。他出家既不是为了当律宗第十一世祖，更不是为了能和虚云、太虚、印光并称"民国四大高僧"。这只是一个"有能力"的人去达到自己能够达到的高度罢了。

第五章 凡心修禅

以律严身　躬亲践行

文化人皈依佛教，一般是因为与佛家有着天然的联系，或者日常习性相近，或者思想比较一致，所以，文化人皈依后修习禅宗者居多，因其直指人心，见性成佛，又不假经教，不立文字，文人对佛教的顿悟很认同，也很向往。文人大多对社会上恶俗的迎来送往并不喜欢，甚至十分厌恶，修行相对自由，不那么辛苦，对文人是个莫大的安慰。如华严、法相、天台、净土，以及密宗等，教众修习甚多。唯独律宗，因规范近乎苛刻，是真正意义上的苦行，赵宋以降，很少有人接触，逐渐式微甚至无人问津了。幸而弘一法师以坚韧不拔的信念和雄健伟力，发心持戒，终成一代律宗大师。

世尊释迦牟尼在世时，曾为佛教创立各种规矩，以规范约束僧众，以后演变成戒律。

至曹魏嘉平年间，印度昙柯趣罗尊者来到洛阳，中国僧众开始接受并有弟子受戒。《十诵律》与《四分律》是在中国流传最广、影响最大的两部律法。其中《四分律》凭借后发先至的优势，逐步发展成中国特有的律宗。

道宣法师在唐朝初期创立了律宗，并依照《四分律》开宗，因道宣法师当时住在陕西的终南山（此处历来是清修者向往之地），故又名南山律宗或南山宗。

弘一法师之所以选择律宗，首先，他最初皈依时，接触了《梵网经合注》《灵峰宗论》，所谓先入为主，对律宗产生了浓厚兴趣。其次，他在灵隐寺受具足戒后，读了马一浮赠送的《灵峰毗尼事义集要》《宝华传戒正范》，发现按照戒律要求，自己所受戒法无法满足需要，因此，"披玩周环，悲欣交集，因发学戒之愿焉"。

另外，弘一法师选择律宗也是受到著名居士徐蔚如的影响。

徐蔚如（1878—1937），近代佛教居士。浙江海盐人。受母亲信佛熏染，早期即研习佛经。皈依三宝后，谛闲法师赐法名显瑞。民国初年曾捐资给金陵刻经处，重刻《西斋净土诗》。1918年集印光大师文稿书信，出版《印光法师文钞》。复又创立北京刻经处、天津刻经处等，以流通佛典为己任。1937年，抗日战争爆发后，日军侵占华北，徐蔚如与其他居士一同筹办妇孺临时收容所，收救难民。

他曾任京师地方审判推事、民国财政部会计司司长等职。因笃信佛教，皈依于天台宗第四十三代祖师谛闲法师。1918年，与叶恭绰发起成立戊午讲经会，与蒋维乔等创立北京刻经处。20世纪20年代初期，又创立天津刻经处。十多年间，京津刻经处共校刊佛典近两千卷，成为继金陵刻经处之后，中国又一重要佛教典籍整理出版机构。天津刻经处专刻南山宗律书，如南山三疏（《四分律删繁补阙行事钞》《四分律比丘含注戒本》《四分律删繁补阙随机羯磨》），灵芝三记（《四分律行事钞资持记》《四分律含注戒本疏行宗记》《四分律羯磨疏济缘记》）等，可以说对南山律宗的传承和弘扬起到了重要作用。

弘一法师出家前，徐蔚如曾特意去杭州看望，相互交谈中，他说了一段影响弘一法师后半生的话："自古以来，出家的法师们，讲经的多，讲律的少。尤其近百年来，没有专门研究律学的，就算有也不彻底、不清楚。因此，你出家后可以研究律学，把中国的律宗重振起来。"弘一法师历来对自己的才华颇有信心，又有一种济世为民的思想，获悉有这样慈悲而重要的律宗，便暗自选定律宗作为修行之本。两年后，徐蔚如再次恳求弘一法师专研南山律。"以为吾国千余年来秉承南山一宗，今欲弘律，宜仍其旧贯，未可更张。"弘一法师从此更加专心学习，勇猛精进。10年后，弘一法师在上虞法界寺佛前发愿专修南山律，"随力弘扬，以赎昔年轻谤之罪"。

弘一法师所处的时代正是中国佛教内忧外患的特殊时期，佛法崩坏，这让弘一法师十分痛心，他下定决心专修南山律。

弘一法师认为"法门陵夷,僧宝殆绝,除了扶律,是不足以言振兴了"。所以,弘一法师当时的心愿就是为僧团树戒幢,为教界立规范。

关于受戒与得戒的问题,弘一法师于1935年底在泉州承天寺弘法时,专门做了一场关于《律学要略》的演讲,还特地详细阐述了这一问题:"我们生此末法时代,沙弥戒与比丘戒皆是不能得的,原因甚多甚多!今且举出一种来说,就是没有能授沙弥戒比丘戒的人;若受沙弥戒,须二比丘授,比丘戒至少要五比丘授;倘若找不到比丘的话,不单比丘戒受不成,沙弥戒亦受不成。我有一句很伤心的话要对诸位讲:从南宋迄今六七百年来,或可谓僧种断绝了!以平常人眼光看起来,以为中国僧众很多,大有达至几百万之概;据实而论,这几百万中,要找出一个真比丘,怕也是不容易的事!如此怎样能受沙弥比丘戒呢?既没有能授戒的人,如何会得戒呢?"

一般修行人,受戒后已经感到非常欢喜,但对于弘一法师这样人生处处都要追求完美的人,戒而不得自然无法忍受,只要问题还摆在面前,自己又有能力探求的话,自然不会停下脚步,必一探究竟还诸本源,方肯罢休。这样一来,弘扬律宗就成了他的一大动力。

弘一法师对佛教的戒律有着深厚的法缘,毕生有志于佛教律学的弘扬。他受比丘戒之前曾发四个愿,其中一愿是:"我为僧界现状,誓志创立风范,令人恭敬三宝,老实念佛,精严戒律,以戒为师。"

从 1921 年初次涉猎有部律,至 1931 年他在横塘镇法界寺佛前发愿舍弃有部律而专心于南山律,已是悠悠十年的光阴。

1931 年弘一法师在《学南山律誓愿文》中写道:"弟子演音,敬于佛前发弘誓愿,愿从今日,尽未来际,誓舍身命,愿护弘扬南山律宗,愿以今生尽此形寿,悉心竭诚,熟读穷研《南山律钞》及《灵芝记》,精进不退,誓求贯通,编述《表记》,流传后代,冀以上报三宝深恩,速证无上正觉。"更于 1933 年在泉州承天寺,偕同"南山律苑"12 位师生,在佛前焚化《南山律苑住众学律发愿文》:"誓尽心为宣扬七百余年淹没不传之南山佛教,流布世间。"此后的十多年中,几乎无日不在律藏中,研讨探究,致力于弘扬南山律。

中国佛教律学原有四大律,即《十诵律》《四分律》《摩诃僧祇律》《五分律》。为弘扬律学,弘一法师穷研《四分律》,花了 4 年时间,著成《四分律比丘戒相表记》。此书和他晚年所撰的《南山律在家备览略编》,为他精心撰述的两大名著。

关于致力于弘扬南山律的因缘,弘一法师在 1935 年的讲演中曾回忆说:"关于《有部律》,我个人起初见之甚喜,研究多年;以后朋友劝告,即改习南山律。其原因是:南山律依《四分律》而成,又稍有变化,能适应我国僧众之根器。"并说"此余由'新律家'而变为'旧律家'之因缘,亦即余发愿弘南山之因缘也"。 基本点明了自己的发心。

其实，弘一法师受戒之后，先到嘉兴精严寺访问了范古农居士，在精严寺阅藏数月，又到西湖玉泉寺安居，专研律部。因杭州师友故旧酬酢太多，而且慕名的人又不断来访，1920年夏，他决定到浙江新城贝山闭关，埋头研习。第二年正月重返杭州玉泉寺，披阅《四分律》和唐代道宣、宋代元照的律学著述。

1921年3月，由于吴壁华、周益由二居士的介绍，弘一法师又到温州庆福寺闭关安居，从事《四分律比丘戒相表记》的著述，并亲自以工楷书写，历时四载，始告完成。出版后部分寄赠日本，很受日本佛教学者的重视。

律宗是佛教各派中戒律最严格的宗派，一举一动都要严守戒律。弘一每次坐藤椅时，都要把藤椅摇一下，怕一下子坐下去会压死藤椅缝中的小虫。他曾亲侍当时名播中外的印光大师，目睹大师俭朴的生活，这对弘一影响很大。他的生活也极尽俭朴，常把别人对他的供养移作佛教事业经费，自奉很薄。他行游各地时，锡杖芒鞋，三衣一钵，有时还自己挑行李，完全是一个苦行头陀。

拜他为师的宽愿法师一直跟随在弘一法师的身边，弘一教他学文化，教育他怎样处世接物，认真做人，并教他许多格言。如"放宽肚皮容物，立定脚跟做人""律己宜带秋气，处世须带春风"；"临事须替别人想，论人先将自己想""立志要苦，意趣要乐，气度要宏，言动要谨。"出家后的法师对人对事淡然处之，不惊

第五章 凡心修禅

不怒，从容应对，真正做到了他教诲于人的"人到无求品自高"。他对宽愿法师说过："人生在世，有三大难得。一是中国难得，二是佛法难闻，三是良师难遇。"弘一法师对此还逐条加以解释，言中国是世界上人口众多、地大物博、风景秀丽、历史悠久的文明大国，能做中国人是何等幸福。佛法难闻，则是做一个和尚并非穿袈裟就算是皈依佛门了，必须排除一切杂念，坚持戒律，勤学苦修，才能得道，才能超度众生。学佛得道，必先求得知识学问，深透理解佛经的精义。要达到这一步，又需借助一定的方法，这就需要良师的诱导教诲，指引道路。这是弘一法师究其平生所悟有感而发，言辞虽平实朴素，却是为人处世的中道，是法师的自觉觉人，自度度人。他不仅这样教诲后生弟子，自己在出家修行的过程中认真严肃、首重器识的高尚品德，也较之在俗时期有过之而无不及。

弘一法师在实践躬行中时时记录心得，他写道：

> 吾人因多生以来之凤习，及以今生自幼所受环境之熏染，而自然现于身口者，名曰习惯。
>
> 习惯有善有不善，今且言其不善者。常人对于不善之习惯，而略称之曰习惯。今依俗语而标题也。
>
> 在家人之教育，以矫正习惯为主。出家人亦尔。但近世出家人，惟尚谈玄说妙。于自己微细之习惯，固置之不

问。即自己一言一动，极粗显易知之习惯，亦罕有加以注意者。可痛叹也。

余于三十岁时，即觉知自己恶习惯太重，颇思尽力对治。出家以来，恒战战兢兢，不敢任情适意。但自愧恶习太重，二十年来，所矫正者百无一二。

自今以后，愿努力痛改。更愿有缘诸道侣，亦皆奋袂兴起，同致力于此也。

吾人之习惯甚多。今欲改正，宜依如何之方法耶？若胪列多条，而一时改正，则心劳而效少，以余经验言之，宜先举一条乃至三四条，逐日努力检点，既已改正，后再逐渐增加可耳。

今春以来，有道侣数人，与余同研律学，颇注意于改正习惯。数月以来，稍有成效，今愿述其往事，以告诸公。但诸公欲自改其习惯，不必尽依此数条，尽可随宜酌定。余今所述者，特为诸公作参考耳。

学律诸道侣，已改正习惯，有七条。

一、食不言。现时中等以上各寺院，皆有此制，故改正甚易。

二、不非时食。初讲律时，即由大众自己发心，同持此戒。后来学者亦尔。遂成定例。

三、衣服朴素整齐。或有旧制，色质未能合宜者，暂作内衣，外罩如法之服。

四、别修礼诵等课程。每日除听讲、研究、抄写及随寺众课诵外，皆别自立礼诵等课程，尽力行之。或有每晨于佛前跪读《法华经》者，或有读《华严经》者，或有读《金刚经》者，或每日念佛一万以上者。

五、不闲谈。出家人每喜聚众闲谈，虚丧光阴，废弛道业，可悲可痛！今诸道侣，已能渐除此习。每于食后或傍晚休息之时，皆于树下檐边，或经行，或端坐，若默诵佛号，若朗读经文，若默然摄念。

六、不阅报。各地日报，社会新闻栏中，关于杀盗淫妄等事，记载最详。而淫欲诸事，尤描摹尽致。虽无淫欲之人，常阅报纸，亦必受其熏染，此为现代世俗教育家所痛慨者。故学律诸道侣，近已自己发心不阅报纸。

七、常劳动。出家人性多懒惰，不喜劳动。今学律诸道侣，皆已发心，每日扫除大殿及僧房檐下，并奋力作其他种种劳动之事。

以上已改正之习惯，共有七条。

尚有近来特实行改正之二条，亦附列于下：

一、食碗所剩饭粒。印光法师最不喜此事。若见剩饭粒者即当面痛呵斥之。所谓"施主一粒米，恩重大如山"也。但若烂粥烂面留滞碗上不易除去者，则非此限。

二、坐时注意威仪。垂足坐时，双腿平列。不宜左右互相跷架，更不宜耸立或直伸。余于在家时已改此习惯。且现代出家人普通之威仪，亦不许如此。想此习惯不难改正也。

总之，学律诸道侣，改正习惯时，皆由自己发心，决无人出命令而禁止之也。

余五十年改过迁善之事，今且举十条为常人所不注意者，先与诸君言之：

一、虚心。二、慎独。三、宽厚。四、吃亏。五、寡言。六、不说人过。七、不文己过。八、不覆己过。九、闻谤不辩。十、不瞋。

瞋习最不易除。古人云："二十年治一怒字，尚未消磨得尽。"但我等亦不可不尽力对治也。

他平生不做住持，不蓄弟子，简朴恬淡，专心念佛。一件衣服足有两百多个补丁，一把雨伞用了二十多年。李圣章在杭州见他用咬扁了的柳条当牙刷蘸盐水刷牙，吃的菜里都没什么油水，穿着百衲衣，忍不住心酸落泪。在泉州，别的和尚扔了的萝卜，

第五章 凡心修禅

他捡回来吃得津津有味。夏丏尊在宁波见他毛巾太破,要替他换一块,弘一法师不肯,将毛巾展开来,表示还能用,"和新的差不多"。夏丏尊见弘一用筷子郑重地夹起一块萝卜时那种惜福的神情,感动得几乎要流下眼泪,不由得感慨:在弘一法师看来,世界上万物无一不好。

弘一大师在僧二十多年,通过精诚庄严的自律苦修,大力弘扬南山律宗,以一人之力使传统断绝数百年的律宗得以复兴,正如他在近代广告业、美术界、音乐界等领域的贡献一样,是十分伟大的。

复兴南山律宗　秉笔勤耕

弘一法师受戒之后,先应范古农居士之邀前往嘉兴精严寺阅藏精研数月。随后,又到西湖玉泉寺钻研律部。旋即发现杭州故友太多,多有探望烦扰,于1920年夏天,又特意跑到清净一些的新城贝山闭关。弘一法师在贝山埋头苦研《弘教律藏》三帙,又从日本请到了南山《戒本疏》《羯磨疏》《行事钞》以及"灵芝三记"等细细览读。1921年正月才出山回杭州,接着继续寻来《四分律》及道宣、元照著述,"并览此土诸师之作,以戒相繁杂,记诵非易",遂产生编纂《四分律比丘戒相表记》的念头,"思撮其要,列表志之",使繁杂的戒律明晰,便于初学。历史上有很多这样的例子。专心钻研某一方面的大成就者,都会对前人留下的著作有所怀疑,善于指出其中的谬误和不确之处,自己在前人基础上,再作编纂,推动其发展。李叔同发愿编纂《四分律比丘戒相表记》,也如前人所为。为了专心致志开展编纂工作,他移居温州,远离烦扰,于当年夏天完成初稿,1924年定稿并交由上海佛学书局出版。

《四分律比丘戒相表记》是以《四分律·初分》为蓝本，采用灵芝、见月大师的注解，并加按语，对比丘戒250条戒中的每一戒条，按其犯缘、罪相、并制、境想、开缘情况，摘录戒相，条理其文。开创性地以列表展示出来，让人一目了然，方便识记。全书通篇一丝不苟用小楷写就，充分发挥了他的书法才能，给人一种庄重静穆的感觉。

弘一法师对《四分律比丘戒相表记》十分看重，视此书为他出家以后最重要的著作。在他圆寂前留给刘质平的遗嘱中，特意托付刘质平将《四分律比丘戒相表记》印2000册，流通以为纪念。此前，他在给友人的书信中亦屡有提及："拙述《四分律比丘戒相表记》，今已石印流布。是书都百余大页，费五年之力编辑，并自为书写细楷。"（致蔡丏因居士）

《四分律比丘戒相表记》被誉为灵芝大师之后律学第一著作。该书出版之后，弘一法师托夏丏尊将35部交给在上海经营书店的内山完造先生，由其代为寄赠日本的大学和寺庙。

律宗向以戒律森严著名，一举一动，都有规矩，严肃认真至极，被称为佛门中最难修的一宗。弘一法师为弘扬律宗，曾立下四誓：

一，放下万缘，一心系佛，宁堕地狱，不作寺院住持；

二，戒除一切虚文缛节，在简易而普遍的方式下，令法音宣流，不开大法，不作法师；三，拒绝一切名利的供养与沽求，度行云流水生涯，粗茶淡饭，一衣一袖，鞠躬尽瘁，誓成佛道；四，为僧界现状，誓志创立风范，令人恭敬三宝，老实念佛，精严戒律，以戒为师。

1931年4月2日，弘一法师在上虞法界寺发愿弘律：愿我及众生，无始来所受众罪，尽得消灭。若一切众生所有定业，当受报者，我皆代受。遍微尘国，历诸恶道，经微尘劫，备尝众苦，欢喜忍受，终无厌悔，令彼众生先成佛道。

受杨仁山的启发，弘一法师也萌生了创办律学院的想法。1907年，杨仁山在金陵刻经处设祇洹精舍，自编课本，进行讲经。诗僧苏曼殊也在此教授梵语、英语，弟子及追随者众多。杨仁山一生造就的佛学人才甚多，僧界学生有太虚，在家居士有谭嗣同等弟子。杨仁山深受当时思想界人士的崇敬，一大批进步思想家登门求教，有的尊他为师。其中著名的有梁启超、章太炎等。

1931年秋天，弘一法师经多方考察、仔细斟酌，相中了距离白湖十五里路的五磊寺，想在那里创办一所南山律学院。资财自然要靠他的影响力去化缘，很快上海朱子桥将军愿提供1000元。没想到五磊寺住持桂芳和尚见钱来得容易，也不跟弘一大师打招呼，私下里扩大化缘范围，且"树不起坚决的教育信念，使弘师订立章程殊多棘手"（亦幻《弘一法师在白湖》）。弘一法师请到过暹罗（泰国古称）的安心头陀当院长，安心头陀坚决要仿效暹罗僧托钵行乞，弘一法师感觉过于注重形式，失了对佛学本真的追求，双方就此分道扬镳。南山律学院就此夭折，只留下一块弘一法师手书的"南山律学院筹备处"的招牌。这块牌子印记了弘一法师复兴律宗的初心。数年后，因缘成熟，这个心愿终于达成。

弘一大师的佛学著述，多在闽南完成，主要有以下几类。

（一）序、跋、题记。其序十余篇，主要介绍编书的缘由，如1935年1月作于厦门南普陀的《鼓山庋藏经版目录序》，叙述了昔年（即1929年）游福州鼓山，于藏经阁发现清代为霖道霈禅师要著《华严疏论纂要》，叹为稀有，倡缘印布的经过。有的序不仅介绍了编书经过和内容，还对一些内容相关的书进行评价，如1935年2月作于厦门万寿岩的《佛说阿弥陀经义疏撷录序》，对《弥陀经》的各种释解之书做了恰当的评价。弘一大师还为不少从日本请回的经书作序，使其能更广泛地流布。其跋约三十篇，主要记载了编书过程。其题记十余篇，大多为作于永春蓬山的《四分律行事钞》所题。

（二）法事行述。这是了解弘一大师在闽南弘法行踪不可或缺的第一手资料，主要的如1934年3月作于厦门南普陀的《闽南行脚散记》、1935年5月至12月作于惠安至草庵的《惠安弘法日记》、1936年夏作于厦门鼓浪屿日光别院的《壬丙闽南弘法略志》、1938年作于厦门鼓浪屿的《泉州弘法记》等。

（三）记、传、年谱。其记，指弘一大师在闽南所撰各类散记。愈至晚年大师心境愈趋平淡、宁静，散记有时缓缓道来，令人感受到一种"一尘不染"的心境，代表作如《福州怡山长庆寺修放生园池记》《瑞竹岩记》《重兴草庵记》《祇园记》等。其传，主要指弘一大师为僧人所撰的传记，皆作于闽南，且传主多为闽籍僧人或外地来闽弘法的僧人。大师与传主皆有来往，感情笃深，故虽文字不长，却能在全面介绍出传主经历的同时，突出传主的主要特点，丝丝入扣，深切感人，代表作如《了识律师传》《瑞山禅师传》《心灿禅师传》《法空禅师传》《本妙法师传》等。其年谱，主要指弘一大师在闽南所撰的四位高僧年谱，即《南山道宣律祖弘传律教年谱》《灵芝律师年谱》《宝华山见月律师年谱摭要》《蕅益大师年谱》。前三位谱主皆为律学大师，最后一位谱主为净土宗第九祖，著有律释14种。弘一大师对谱主的生平进行精心考订，文字简明扼要，至今仍为学术界研究这四位谱主的珍贵资料。

（四）佛学著作的校录、论述、编撰。这是弘一大师晚年居住闽南倾注心血最多的一项工作，也是弘一大师所有著述中最重要的部分。弘一大师在闽南点校的大量佛学著作如：1933年

第五章 凡心修禅

8月于泉州点校《南山钞记》，1936年8月闭关厦门鼓浪屿日光别院校录《东瀛四分律行事钞资持记通释》，1936年4月于永春普济寺校录《东瀛四分律删繁补阙行事钞》等。大师的点校工作极为辛苦，有时倾数月甚至数年光阴，常常是每日连续工作六七个小时，正如大师1935年7月11日于惠安净峰寺写给广洽法师信中言："每日标点研习《南山律》约六七个小时。"弘一大师大多数佛学论述也作于闽南，如1934年2月作于厦门南普陀的《发心学律须知》，1940年冬作于南安灵应寺的《普劝出家人应常受八戒文》，1941年夏作于晋江福林寺的《持非时食戒者应注意日中之时》等。弘一大师对佛学的最大贡献，是振兴了湮没700余年的"南山律宗"，因之被后人推崇为重兴南山律宗第十一祖。弘一大师对律学的弘扬，除了讲演和创设南山律学院（1933年改称南山律学苑）外，主要是编撰校注了一大批律学著作。《四分律比丘戒相表记》和《南山律在家备览略编》，为最重要的两部。前者非作于闽南（1922年闭关作于温州庆福寺），且主要供出家人所读，故笔者不予评介。后者于1940年闭关永春蓬山编撰，分四篇，即宗体篇、持犯篇、忏悔篇、别行篇，其最大的特点是化繁为简，题旨集中，既便于查阅，也便于深入研究，穷其幽奥。所以《备览》较为普及，成为许多在家居士的行为依据。大师编撰《备览》时，殚精竭虑，三易其稿。1940年他在永春普济寺写给圆晋居士的信中说出了编撰过程："《南山律在家备览略编》第一册《宗体篇》，至今晨已将第二次正稿写竟。尚须整理增删，然后再写第三次正稿。"

《南山律在家备览略编》是弘一法师继《四分律比丘戒相表记》之后最为重要的佛学著作。大师编纂此书的初衷，类似于当年编纂《四分律比丘戒相表记》。与前者不同的是，这是专为在家居士编纂的南山律宗普及读物。

弘一法师曾向李圆净讲述其编纂此书的思想："朽人近来对于自己之著作，不愿轻易出版者：一、因以凡夫情见僭为编述者，恐未能契理契机。必须先生西方，回入娑婆，乃可负荷弘法之重任。二、因律学专门之撰述，出版之后，无人能读，难于流通。昔蔚如居士刻《南山律书》近百余卷，除赠送之外，罕闻有人出资请购者。即赠送与人，读者亦希，仅藏置高阁耳。且如朽人近编之《南山律在家备览略编》，因普被在家人故，将来出版之后，慕名而请购者，或尚有一二百人。若真能披读而研习了解其义者，或亦仅有仁者及古农、幼希数居士耳。"由此可见大师方便设教之良苦用心。

闽南位于东南一隅，并非文化中心，也不是省会，弘一大师居闽南时所以著述累累，主要有四个原因：一、居闽南之前曾多次闭关修道，已具备很高的佛学素养。二、充分利用闽南名寺中的藏经。厦门的南普陀、泉州的开元寺等闽南名刹，因远离战乱，藏经保存相对完整。三、写信让有缘居士及法师代请有关书籍。

在弘一大师的书信中，请人代请各类书籍的占了相当大的比例。

四、直接向日本国购请。这是弘一大师最主要的外请书籍。据统计，他一共从日本请来古版佛经万余卷，由此在校注、编撰各类佛教书籍中发挥了极大作用。泉州开元寺藏经阁至今仍藏有弘一大师1936年从日本请回的《大般若波罗蜜多经》第195卷，大师题签上款注有"福州东禅等觉院版残本一册"，下款注有"逊国后二十年丙子二月自扶桑请归供养。一音弘印"。弘一大师精通日语，在购请、利用日本书籍上有着得天独厚的条件，这也是一般高僧所难以企及的。南宋到清末，唐道宣和宋灵芝等唐宋诸家律学撰述，因南宋禅宗独盛而多散失，唯存《南山随机羯磨》一卷。弘一大师推崇备至的明末高僧智旭大师，因深切体察宗门之流弊，决意弘律，但由于不见古代疏记，只能写出《毗尼事义集要》。这些唐宋诸家律学撰述自日本回到中国后，得由弘一大师加以阐发。

弘一晚岁十年，积极弘法，他先后在厦门、漳州、安海、泉州、惠安、永春等地城乡开展讲经活动，就律宗、华严宗、净土宗学说及药师经、弥陀经、地藏本愿经、心经等经义作了详细的阐明。并且关心佛教教育，在泉州开元寺尊胜院倡办南山佛学院。民国二十五年（1936年），在泉州请得日本大小乘经律万余卷，亲自整理编成《佛学丛刊》四册，交上海世界书局出版，闽南一带的僧徒因之增进佛学知识。

他的佛学思想体系，以华严为境，四分律为行，导归净土为果。他潜心圈点校注唐代道宣律祖所撰"南山三大部"（《行事钞》《戒本疏》《羯磨疏》）及宋代灵芝元照律师解释三大部的"三记"（《资持记》《行宗记》《济缘记》），为后世治南山律者留下正确的范本。弘一圆寂后遗骨分两处建舍利塔，一在泉州清源山弥陀岩，一在当年落发处——杭州虎跑定慧寺。另建生西纪念塔于温陵养老院过化亭。他的力作《四分律比丘戒相表记》于民国十三年（1924年）出版。《南山律在家备览略编》《律学讲录三十三种合订本》《南山律苑文集》《晚晴集》《晚晴老人讲演录》《弘一大师大全集》等后来陆续出版。

弘一大师在僧二十多年，通过精诚庄严的自律苦修，大力弘扬南山律宗，以一人之力使传统断绝数百年的律宗得以复兴。弘一法师不仅以毕生精力研究戒法，为律幢重树奔走呼号，而且将这一份似海悲心浸润于日常之中，律意沉潜，身体力行。法师表里澄澈、严于律己的持戒精神，昭示了一种千古独步的人格境界。这种人格魅力在佛教文化圈中所产生的影响，实在要远远超过他的那些著作。弘一法师的弘律开创了中国律宗的新局面，在中国佛教史上有着举足轻重的地位，这也是僧众尊奉他为第十一代南山律宗之祖的主要原因。

第五章 凡心修禅

闽南弘法 创办律学院

1927年,弘一法师在上海顺便看望了他的老友尤惜阴。尤惜阴和另外一名居士谢仁斋正在收拾行囊,准备到暹罗(泰国)去弘法。弘一法师觉得这是件好事,当即表示要和他们同去。

从上海去泰国,途中路过厦门。厦门陈敬贤(爱国华侨陈嘉庚之弟)居士此前在杭州常寂光寺曾与弘一法师有过一面之缘,二人十分投缘,相谈甚欢,这次听说弘一要来,遂热情招待,并邀请他到南普陀寺参观。

南普陀寺的性愿法师和芝峰法师,与弘一法师一见如故,两人希望他能留下来弘法。于是,一切随缘的弘一法师就此开始了他在八闽大地的弘法行程。1929年春节期间,弘一在南安小雪峰度岁,随后又入住闽南佛学院。

此时闽南佛学院院长为太虚大师,其在武昌佛学院的高足芝峰法师代为管理。芝峰法师请弘一对佛学院的课程设计提出意见,在弘一的建议下,取消了英文和算术,增加佛学课程时间,学僧的效果显著提升。1929年4月,弘一由苏慧纯居士陪同,北上温州,途经福州时,拜访鼓山涌泉寺。在涌泉寺藏经楼看到清初刊本《华严经》和《华严经疏论纂要》,见其精美,法喜充满,于是发愿重印。

10月底,弘一法师应常惺法师之邀,再次来到佛缘深厚的厦门。一年多时间,闽南佛学院学僧发展到六十余名,已是他上次来时的两倍。常惺法师有心请弘一帮助整顿,弘一法师引《华严经》意为学僧撰写并手书《悲智训》共勉,告诫学僧:"有悲无智,是曰凡夫。悲智具足,乃名菩萨。我观仁等,悲心深切。当更精进,勤求智慧。智慧之基,曰戒曰定。依此智慧,方能利生。犹如莲花,不着于水。断诸分别,舍诸执着。如是观察,一切诸法。心意柔软,言音净妙。以无碍眼,等视众生。具修一切,难行苦行,是为成就,菩萨之道。我与仁等,多生同行。今得集会,生大欢喜。不揆肤受,辄述所见。倘契幽怀,愿垂玄察。"自此闽南佛学院学僧日习成诵,教学秩序也大有好转。

同年年底,弘一法师再到南安小雪峰度岁,恰逢太虚大师亦在。太虚大师向弘一法师书赠一偈:"圣教照心,佛律严身,内外清净,菩提之因。"两高僧合作《三宝歌》,弘一作曲,太虚填词,法缘殊胜,世所稀有。歌曰:

>　　人天长夜,宇宙黮暗,谁启以光明?三界火宅,众苦煎迫,谁济以安宁?大悲大智,大雄力,南无佛陀耶!昭

第五章 凡心修禅

朗万有,衽席群生,功德莫能明。今乃知:惟此是,真正皈依处。尽形寿,献身命,信受勤奉行!

二谛总持,三学增上,恢恢法界身;净德既圆,染患斯寂,荡荡涅槃城!众缘性空惟识现,南无达摩耶!理无不彰,蔽无不解,焕乎其大明。今乃知,惟此是,真正皈依处。尽形寿,献身命,信受勤奉行!

依净律仪,成妙和合,灵山遗芳形;修行证果,弘法利世,焰续佛灯明,三乘圣贤何济济!南无僧伽耶!统理大众,一切无碍,住持正法城。今乃知,惟此是,真正皈依处。尽形寿,献身命,信受勤奉行!

《三宝歌》是中国第一首现代梵呗(中国佛教音乐的原声,即和尚念经的声音,源于印度声明学)。梵音三阕,庄严素净,于穆不已,感化至深。此歌一经《海潮音》发表,不胫而走,法界广泛传唱,甚至翻译成藏文和英文。今天,《三宝歌》已成为中国佛教的教歌和大型佛教仪式上必奏之曲目,影响深广,无可替代。

1932年农历八月十一日,弘一法师在上虞法界寺突患伤寒。据他后来写给夏丏尊的信中描述"发热甚剧,殆不省人事;入夜兼痢疾……幸朽人稍知医理,自己觅旧存之药服之。并断食一日,减食数日",三天后稍愈,至十八日痊愈,"饮食如常,惟力疲耳"。这次生病,是弘一法师五十年来最严重的一次,他深感因病起坐困难又无人照料的痛苦，"故于此娑婆世界已不再生贪恋之想，惟冀早生西方……此次病剧之时，深悔未曾预备遗嘱（助念等事）。故犹未能一意求生西方，惟希病愈，良用启惭耳"。

早在1931年9月，广洽法师写信来邀弘一去厦门，因时局不稳，中途返回。这次病后，弘一法师感觉浙江寒冷的冬季已不再适合于自己老病的身体，遂应广洽之邀，取道上海至厦门。自此以后，弘一大师定居闽南，在这片温暖的佛地，度过了人生最后十年。"余以宿缘，三游闽南，始于戊辰，次己巳，逮及壬申十月，是为最后。"（《般若经论解序》）

弘一法师对闽南深情热爱，这里气候"四季如春，又有热带之奇花异草甚多，几不知世间尚有严冬风雪之苦矣"，比较适合他"衣不过三"的苦行生活。他在给亲友的信中，屡屡表达这种欣悦："是间气候和暖，桃榴桂菊等一时并开，几不知其为何时序矣。"（致李晋章）"南闽冬暖夏凉，颇适老病之躯，故未能返浙也。"（致刘质平）"居闽南二载，无有大病。其地寒暑调和，老体颇适宜耳（暑时不逾四十摄氏度）。"（致蔡丏因）

1933年1月，弘一大师在妙释寺念佛会讲《改过实验谈》的当晚，梦见自己变成了一个少年，与一位儒者同行。先是闻听身后有人朗诵华严偈句，仔细一听是《普贤行愿品》。"音节激越，感人甚深。未能舍去。"回头又见十数人席地聚坐，中有一长髯老者操弦而歌。"座前置纸，大字一行，若写华严经名。"弘一梦中知其以歌说法,"深敬仰之,遂欲入座"。便问听众:"可有空地相容?"见两端尽是虚席,便脱履参座……醒来后,弘一即开灯将梦记下,赠广洽法师留念。早晨,他又与追随他的年轻居士高文显谈起,以为此奇梦,"系居闽弘律之预兆"。弘一大师后来居闽的经历,果然证明了此梦非虚。

查弘一法师《壬丙南闽弘法略志》和《泉州弘法记》,可见其脚力之勤,足迹遍及闽南山山水水,驻临大小名刹达五十多处。闽南百姓对佛法和大师的热情,令弘一欣喜不已。1938年农历二月,弘一法师在泉州承天寺讲《行愿品》,"听众甚多,党部青年乃至基督教徒皆甚欢赞","乡长、保长等皆喜欢护法,诸事顺适"。他高兴地写信告诉丰子恺等友人:"乃今岁正月到泉州后,法缘殊胜,昔所未有,几如江流奔腾,不可歇止。……今年在各地(泉、厦、惠)讲经,法缘殊胜,昔所未有",表示"余居闽南十年,受当地人士种种优惠,故于今年往各地弘法,以报答闽南人士之护法厚恩"。

弘一大师创办律学院的夙愿,在闽南亦得以实现。1933年5月,大师在开元寺方丈转物和尚支持下,在该寺尊胜院开设"南山律学苑",讲授《四分律含注戒本》及《随机羯磨》,"兼学古德格言,以资学僧策励身心"(林长红《纪念弘一大师诞辰130周年》)。大师亲撰一联,可见其志愿:"南山律学,已八百年湮没无传,何幸遗编犹存东土;晋水僧园,有十余众承习不绝,能令正法再往世间。"1934年3月,在厦门南普陀寺创办佛教养正院。弘一亲拟章程,设计课程,编写教材。抱病作《青年佛教徒应注意的四项》讲演,勉励学僧惜福、习劳、持戒、自尊。弘一法师倡导学行兼顾、事理圆融的教学思想,重视教理之研究,尤重戒行修持。养正院规矩严肃,院誉日隆,也造就了不少佛教干才。佛教养正院办了三年,可惜后来因院舍被抗日军征用而停办。

1933年正月,弘一法师在妙释寺开讲《四分律含注戒本》,开讲前叙述自己弘律的因缘:"余出家受戒之时,未能如法,准以律仪,实未得戒,本不能弘扬比丘戒律。但昔时既虚承受戒之名,其后又随力修学,粗知大意,愿以一隙之明,与诸师互相研习。甚愿得有精进律仪之五比丘出现,能令正法住于世间,则余之弘律责任即竟。故余于讲律时,不欲聚集多众,但愿得数人发弘律之愿,肩荷南山之道统,以此办毕生之事业者,余将尽其绵力,誓舍身命而启导之。"弘一法师将此次讲律,视作自己弘律的第一步。希望"诸师奋力兴起,肩荷南山一宗,广传世间,高树法幢"。

在万寿岩讲律适逢农历五月初三日蕅益大师诞辰,弘一大师撰写了《学律发愿文》,偕弟子同发四弘誓愿,另别发四愿:

一愿学律弟子等,生生世世,永为善友,互相提携,常不舍离,同学毗尼,同宣大法,绍隆僧种,普利众生。
一愿弟子等学律以及弘律之时,身心安宁,无诸魔障,境缘顺遂，资生充足。一愿当来建立南山律院，普集多众，广为弘传，不为名闻，不求利养。一愿发大菩提心，护持佛法，誓尽心力，宣扬七百余年湮没不传之南山律教，流布世间；冀正法再兴佛日重耀。并愿以此发宏誓愿，及以别发四愿功德，乃至当来学律一切功德，悉以回向法界众生。惟愿诸众生等，共发大心，速消业障，往生极乐，早证菩提。

位于泉州西南20公里晋江华表山麓的草庵，是中国唯一保存完整的摩尼教遗迹，世所罕见。1933年底，弘一法师由传贯法师陪同，首次来到这里。他为草庵撰写了一副楹联，表达佛门济世之心：

草蕨不除，时觉眼前生意满；
庵门常掩，毋忘世上苦人多。

草庵二字分嵌于上下联联首，巧妙而自然。

1933年底，弘一法师在晋江草庵度岁，特为传贯与丰德二师开示灵峰大师《祭颛愚大师爪发衣钵塔文》。文中灵峰大师痛感末世胜德凋落，法界鱼龙混杂，呼吁有识之士奋起力挽狂澜。弘一法师开示此文的过程中，感慨时弊，几近流涕。灵峰之痛，也是他心头之痛，他持戒苦行，以身垂范，亦旨在唤起浑浑噩噩的僧众。

1935年,弘一法师因患臂疮在草庵养病,病床上有一小钟慢两刻钟,弘一法师一直不将其拨正。他认为此大病实由宿业所致,"可以说是我一生的大纪念"(《南闽十年之梦影》)。此后,无论移居何处,他都故意将座钟拨慢半个小时。弘一法师称之为"草庵钟",以此提醒自己,时时不忘勇猛精进。

1936年的最后一天,作家郁达夫来到鼓浪屿日光岩拜访弘一法师。郁达夫仰慕弘一法师久矣,但弘一法师对他的名字却很生疏。原因是,郁达夫蜚声文坛时,弘一法师已经是佛门中人。这次见面,只是略事寒暄,弘一法师赠给郁达夫《佛法导论》等书。这次见面给郁达夫留下深刻印象,回去后,他写了一首诗寄赠弘一法师:"不似西泠遇骆丞,南来有意访高僧。远公说法无多语,六祖传真只一灯。学士清平弹别调,道宗宏议薄飞升。中年亦具逃禅意,两道何周割未能。"

闽南地处东南,远离政治文化中心,远离动乱,这为弘一大师弘法和著述提供了较为安定的外部环境。闽南著名的寺庙,在东南亚都有下院,常在经济上予以援助,解决了弘一大师基本生活需求,使其得以安心弘法。闽南民风淳朴,也使大师感到安适。对于闽南的食物,大师也颇为习惯,并赞不绝口:"闽中产米缺乏,代以杂粮。以小麦大麦磨作粗粒,加入干番薯少许,做成麦羹,其味极佳,且适于卫生。"

弘一大师曾在给挚友信中对居闽南十余年的生活境况有过介绍:

第五章 凡心修禅

"闽中平静如常。仁者能入闽任职,则生活可无虑矣。泉州物价之昂,自昔以来,冠于全闽。但米价每石亦仅一百七十元左右,其他闽中产米之区,如漳州及闽东等处,则仅五十元左右。泉州街市无乞丐(另设乞丐收容所)。物价亦不甚昂。华侨家庭生活亦大致可维持,因努力种植,生产量甚富也。统观全闽气象,与承平时代相差无几。朽人于十四年前,无意中居住闽南(本拟往暹罗,到厦门而中止)。至今衣食丰足,诸事顺遂,可谓侥幸,至用惭愧。"

福建与佛教因缘甚深,历史上不仅高僧辈出,流派众多,而且至今僧尼仍有一万余人,约占全国汉族地区僧尼总数四分之一,按比例为全国第一。弘一大师居闽南时,不仅受到各寺僧人的热情款待,为众多居士争相恭请,还受到社会各阶层人士的欢迎。弘一大师到漳州弘法时,"乡长、保长等皆喜欢护法,诸事顺适。"当时闽南各地争先迎请大师弘法,如永春普济寺请了四次才遂愿。大师所到之处,皆受到热烈欢迎,如1938年农历二月于泉州承天寺讲经时,"听众甚多,党部青年乃至基督教徒皆甚欢赞"。弘一大师为有这种因缘而高兴,他在给丰子恺居士的信中写道:"乃今岁正月到泉州后,法缘殊胜,昔所未有,几如江流奔腾,不可歇止。"在晋江安海时,大师演讲三日,听众多达近700人。弘一大师以弘法为己任,适逢闽南为佛教重镇,使他的宏愿得以实施。正如大师所说:"朽人居闽南已十年,缁素诸善友等护法甚力。"

弘一大师在闽南演讲弘法具有自己的特点。第一,不拘场所。

一念放下，万般从容

1936年弘一法师于厦门日光岩

第五章 凡心修禅

大师所演讲的地方，有著名寺庙、佛教院校、慈善机构、普通学校、居士菜堂、私人住宅、宗祠等。第二，内容广博。据大师记述弘法的《壬丙闽南弘法略志》《泉州弘法记》中载，大师到每一处讲演的题目，均不下二十余种，内容极为丰富。第三，排期紧凑。弘一大师有时连续几天演讲不休息。有时一天在两个不同地方演讲，甚至除夕夜也不休息。据《壬丙闽南弘法略志》载：壬申除夕夜，在草庵讲《蕅益大师普说二则》；甲戌除夕夜，在万寿岩念佛堂讲演；乙亥除夕夜，在草庵病榻上讲说。第四，富有特色。弘一大师的演讲之所以能受到各界各阶层不同人士的一致欢迎，除了大师严于律己的人格力量和广博的佛学知识感召外，还由于其演讲极富特色。一是深入浅出，往往能用浅显的语言表达深刻的教理；二是融进自己经历，以现身说法来感染听众；三是语言亲切，自然表明自己的心态；四是充满真知灼见，极富启发性。

  弘一大师极力推动闽南的僧教育，培养了大批佛教干才。

  他重视创办佛学院校，精心训导学僧。1929年11月，弘一大师抵南普陀后，应常惺院长之请，协助院方整顿闽南佛学院，以现身说法教导学生惜衣惜食惜福，并撰书《悲智训》嘱勉学僧。1934年，弘一大师再次来闽南佛学院讲学和整顿学风，后认为机缘未熟，主张学院要从头办起，取《易经》"蒙以养正"之义，创办佛教养正院，并亲自草拟章程，书写院额，选定教材，推荐师资，还抱病作了《青年佛教徒应注意的四项》的讲演，勉励学僧要惜福、习劳、持戒、自尊。养正院根据弘一大师的指导思想,始终把佛学教育放在首位,以世学的文史为辅。

开办南山律学院。弘一大师以弘律为己任,重视并乐于启导僧人自发结成学律组织。1933年5月,大师应泉州开元寺方丈转物和尚之请自厦至泉,于开元寺右侧之尊胜院开办南山律学苑,每次连续讲两周,《四分律含注戒本》及《随机羯磨》,分两次讲完。有时兼说古德格言,以资策励身心。

他弘法有法。弘一大师当过教师,故深谙采取因材施教方法能取得意想不到的效果。他认为,给学僧上课,内容要简明易懂,讲授要循序渐进,有一个由浅入深的过程。如讲律学,可分五个学程,每一学程各有不同内容。对讲解进度,大师有周密计划,每周两小时,一学年讲毕。约八十小时,即可"了知律学大要"。对于师生问答,大师提倡采用"笔问笔答"形式。弘一大师认为所教育对象,应分为丙级(年不满二十岁者)、乙级(二十岁以上者)、甲级。应根据不同级别对学僧因材施教。丙级以学劝善及阐明因果报应之书为主,兼学净土宗大意,大约两年毕业;乙级以学律为主,兼学浅近易解之经论,大约三年毕业;甲级以学经论为主,大约三年毕业。弘一大师对僧教育提出的系统看法,在今天也是很有借鉴意义的。

框定了僧教育的基本原则。弘一大师认为对学僧的教育,归根结底就是进行佛教基本原则的教育。大师在《南闽十年之梦影》中谈道:"顺便将我对于僧教育的意见,说明一下。我平时对于佛教,

第五章 凡心修禅

是不愿去分别哪一宗哪一派的，因为我觉得各宗各派，都各有长处。但是有一点，我以为无论哪一宗哪一派的学僧却是非深信不可：那就是佛教的基本原则，就是深信善恶因果报应的道理——善有善报，恶有恶报；同时还须深信菩萨的灵感。这不仅初级的学僧应该这样，就是升到佛教大学也要这样。"弘一大师认为僧教育并不是要把学僧培养成天资聪颖、辩才无碍、文理精通、书法工秀之人，而应该把学佛理、立大德放在最主要位置。大师有时讲的是非佛学科，也谆谆教诲学僧注意佛学的学习，如1937年3月18日，大师在厦门养正院给学僧上书法课，首先强调的是要学好佛法："如果对于佛法没有研究，而是没有道德，纵能写得很好的字，这种人在佛教中是无足轻重的了。"

弘一大师在闽南弘法期间，广结法缘，其途径主要有以下几个方面。

以书结缘。弘一大师常将各类经书和自己所编撰之书及讲稿赠给有缘之人，并把此当作很重要的大事。在他的书信中屡屡谈及以书赠人之事。如1939年农历五月二十五日于永春普济寺致觉圆法师信中，1935年农历五月十日于惠安净峰寺致广洽法师信中，1939年1月于泉州承天寺致陈无我信中等，都多次谈到以书赠人的事。大师认为经书对接引新青年至为重要，千方百计设法刊布，1938年农历十月二十八日，他于泉州承天寺致王拯邦信中言："前广洽法师所印拙书《金刚经》，所存无几。此书接引新青年至为逗机。……

乞劝广洽师发心募印再版（能印数千册广赠尤善）。"大师常托人代为转赠有关佛经，并时请对方直寄所开出地址，可见用心良苦。大师还注意根据不同对象赠寄不同的书，考虑极为周全。如对《护生画集》的出版极为关注，不仅为其题词，还过问联系由锌版改铜版事，并常将此书转赠同人，弘法结缘。

善结人缘。弘一大师在闽南与许多善信来往密切，从大师给数十位居士信中可看出，大师对他们谆谆教诲，爱护有加，点点滴滴，感人肺腑。如永春图书馆馆长王梦惺居士原号"梦醒"，大师于1940年为之易号为"梦惺"，认为"惺，悟也，不昧也。似较梦生、梦醒为胜"。当时王梦惺拟跟大师出家，因家中有老母需奉养，大师劝其不必，并于1940年秋为王梦惺的《菜园文稿》题词："文以载道，岂惟辞华。内蕴真实，卓然名家。居士孝母，腾誉乡里。文章艺术，是其余技。士应文艺以人传，不应人以文艺传。"弘一大师多次为信善者证受皈依，仅以1935年10月至11月在惠安为例，就先后六次为七十余人证受皈依。

近代闽南佛教特点的形成，与弘一大师的推动有着极为密切的关系。近代闽南佛教主要特点有：第一，学律风气为全国之首。这与弘一大师身体力行极力弘律有关。弘一大师1933年2月10日在厦门南山律学苑首次作弘律讲演时，听讲者包括性常、广洽、了识、心灿、本妙、瑞曦、瑞澄、妙慧、瑞卫、广信等青年法师，皆为厦门南山律学苑成员。第二，与海外，特别东南亚关系极为密切。东

第五章 凡心修禅

南亚有许多寺庙为闽南著名寺庙的下院。弘一大师与那些弘法海外的法师关系密切，与被菲律宾佛教界称为开山祖师的性愿法师、曾任马来西亚佛教会会长的竺摩法师等名僧都有书信往来。弘一大师培养的弟子中，也有不少成为弘法东南亚的名僧，如瑞今法师追随弘一大师在闽南弘教，并曾受大师之托代任讲座，后驻锡菲律宾数十年，曾荣任世界佛教僧伽会副会长职务。第三，僧教育兴盛。近现代闽南僧教育所以在全国独树一帜，国内高僧大德云集闽南兴办教育是其主要因素之一。仅与弘一大师有关（或倡办或讲学）的佛学院校及教育组织就有：闽南佛学院、闽南养正院、厦门律学苑、泉州律学苑、泉州慈儿院、泉州月台佛学研究社等多所。

近代闽南佛教的第四个特点，是女众带发出家的菜姑盛行。当时闽南以"女众削发出家尼僧少，带发出家菜姑多"现象而成为中国佛教史上的奇观。所谓"菜姑"，指闽南带发出家住寺的女众佛徒。菜姑出家时需投奔一位比丘僧为皈依师父，在佛前举行"三皈"仪式，并摄受《梵网经菩萨戒》，便可出家住寺。她们离开家庭，独身不嫁，住佛教寺堂，布衣素食，诵经礼忏，可以说，除了仍绾青丝留发不剃外，与出家僧、尼并无二致。这种菜姑出家形式不符合佛教古制七众弟子的"剃发染衣"规范，在中国汉族佛教中是罕见的。这种现象与朱熹在闽南"严禁女子出家为尼"有关。女子落发出家被认为是败坏伦理道德的悖逆行为，因此闽南数百年很少有女子削发为尼。

但在佛教盛行的现实社会中，女众们对佛教的信仰和向往心灵解脱的欲望是禁不住的，于是她们抱着终身不嫁的宏愿毅然出家，但没有剃发。菜姑的这种出家形式，受到弘一大师的认可。大师在《梵行清信女讲习会缘起》中表明了自己的看法："南闽女众习佛法者，恒受三皈五戒，为清信女。亦有并断正淫者，别居精舍，有如僧寺，俗云菜堂，称女众曰菜姑。其贞节苦行，精勤课诵，视比丘尼殆有过之。"亲近弘一大师学律的中国佛教协会副主席圆拙老法师，曾谈及弘一大师对闽南女子带发修行赞叹不已，认为"如此更为如法"。大师为什么要这样说呢？圆拙老法师进一步阐述："在明清比丘尼还俗者甚多。比丘尼还俗，从佛教戒律上讲是允许，无罪，若自己觉得守不住戒律，向大僧说明即舍弃归俗，此乃世尊许可。但是一个尼姑的还俗，会引起众多的俗人对佛法的讥嫌，给佛教带来不良影响。再者佛经常言：说僧过者当堕阿鼻地狱，永无出期。一个比丘尼还俗本来无罪，但给佛教造成不良影响，使众生造口业，这岂是无过耶？所以过去老一辈的师父都是非常赞成女子带发出家，她们如果觉得不能单身生活即回家，不会引起俗人的讥嫌……弘老所说'更为如法'，道理在此。"在弘一大师等高僧的认可下，20世纪30年代末是闽南出家菜姑发展兴盛时期，厦门已开始出现菜姑向社会募资兴建斋屋。弘一大师示寂后，这种带发出家的样式在大师生前好友关心下，一直得以绵延。

1932年10月，弘一第三次入闽，足迹遍及泉州、厦门、福州、

第五章 凡心修禅

漳州各大寺院，其中以住泉州的时间为最长，而在永春普济寺一住就是573天。弘一第三次寓居福建期间，正值抗日战争爆发，民族危机空前深重，他时时以国家民族的命运为念，得到僧俗群众的普遍景仰。

1933年10月，他在泉州西郊潘山发现唐诗人韩偓的墓道；1938年在惠安县的《螺阳文献》中发现一首韩偓在惠安松洋洞所作而未为《全唐诗》收入的佚诗，于是撰写《香奁集辨伪》一文，认为韩偓并不是一个风流才子，而是一位与自己有同样爱国思想的伟大诗人，为研究韩偓提出独创性的见解。他还为晋江摩尼教寺草庵撰写寺门对联和庵记，为朱子书院补题匾额，为开元寺补书朱熹所撰写的对联，为明代著名思想家李贽像题赞，使泉州的传统文化得到进一步发扬。

爱国爱教　慈悲济世

我们知道，弘一法师青年时期就有着忧国忧民的情感，尤其在南洋公学更是接受了彻底的爱国主义教育，是一个有着热烈家国情怀的爱国者。出家后，时局风云变幻，他虽然一心修佛，却从未对国家失去热情，对身处水深火热的中华大地抱有极大的热忱和希望。

可以说，无论留须在俗，还是削发出家，李叔同都很爱国。抗日战争期间，弘一法师写了不少具有爱国思想的对偈送人，其中著名的一句是"念佛不忘救国，救国必须念佛"。战火纷飞的年代，弘一法师弘法的脚步从未停歇，同时唤醒民众积极抗日。

弘一法师出家，非为遁世，实为救世。他没有只管自己念佛，不问苍生疾苦。抗日战争爆发后，厦门成为海防危城。弘一法师手书"念佛不忘救国"百幅分赠各方，又书"最后之胜利"助勉僧俗弟子共纾国难。他在《念佛不忘救国，救国不忘念佛》题记中专门阐释念佛与救国的关系：

第五章 凡心修禅

佛者觉也。觉了真理，乃能誓舍身命。牺牲一切，勇猛精进，救护国家。是故救国必须念佛。

当日军渐逼厦门之时，弘一法师向惶恐中的僧众宣告：

吾人吃的是中华之粟，所饮的是温陵之水，身为佛子，于此时不能共行国难于万一，自揣不如一只狗子。狗子尚能为主守门，吾一无所用，而犹腼腆受食，能无愧于心乎！
（叶青眼《千江印月集》）

他还致信李芳远：

近日厦市虽风声稍紧，但朽人为护法故，不避炮弹，誓与厦市共存亡。……吾一生之中，晚节为最要，愿与仁者共勉之。

1937年8月，弘一在青岛湛山寺弘法，自题寮房为"殉教"室。记曰："曩居南闽净峰，不避乡匪之难；今居东齐湛山，复值倭寇之警。为护佛门而舍身命，大义所在，何可辞耶？"为爱国护佛而不惜舍身成仁的决心跃然纸上。

同年5月，厦门拟举行第一届全市运动大会。筹委会恳请弘一大师为大会撰写会歌。大师欣然答应，慷慨命笔，将体育比赛与振奋民族精神结合在一起，号召"健儿身手，各献所长，大家图自强……切莫再彷徨！请大家在领袖领导下把国事担当。到那时，饮黄龙，为民族争光！"这是李叔同一生所作最后一首乐歌，慷慨激昂，依稀让人想起他当年创作的《祖国歌》。

著名美学家朱光潜曾说，李叔同是"以出世的精神做着入世的事业"。弘一法师皈依佛门之后，依然广结善缘，开导众生，以唤起人们的爱国热情和责任感为己任。或者，这种"宗教救国"的理想，与大师早年"教育救国"的理想是一脉相承吧！正因为如此，当时许多文化名人都颇为钦慕大师，与之结缘。

据徐悲鸿夫人廖静文女士回忆，徐悲鸿先生曾多次访问弘一法师这位艺坛前辈。有一次，徐悲鸿发现山上一棵已枯死多年的树木发出了新芽，颇为吃惊，于是问道："此树发芽，是因为您——一位高僧来到山中，感动这枯树起死回生吗？"大师答道："不是的。是我每天为它浇水，它才活过来。"徐悲鸿曾为大师作油画像，"以全力诣其极"，深刻地表现了弘一大师的庄严与慈爱。

柳亚子先生与弘一早年同办过《太平洋报》，弘一出家后，就与柳亚子失去了联系。1939年抗日军兴之际，弘一在福建泉州正度60寿诞，忽然收到柳亚子一首祝寿诗，诗曰："君礼释迦佛，我拜马克思。大雄大无畏，迹异心岂异。闭关谢尘网，吾意嫌消极。愿持铁禅杖，打杀卖国贼。"

当时在场祝寿的人见到这首诗，都感到十分惊讶，可是弘一读了微微一笑，提笔回诗偈一首，云："亭亭菊一枝，高标矗劲节。云何色殷红，殉教应流血。"柳亚子读后，不由叹道："呜呼，洵可谓善知识矣！"并作《怀弘一上人》文。也许在弘一法师眼里，佛法与爱国在某个契合点上真的达到了圆融统一、无分无别。

墨迹禅心　弘扬佛理

弘一法师自幼接触诗书画印，书法尤为突出，造诣颇深，出家前早就有人争相收藏。自脱离俗家事务后，他自称"朽人"，把书法看作符号或者即是佛法本身，将书法作为传播佛学思想的工具和法门途径，境界自然又升华，再上一个新的台阶。他说："我的字就是法，居士不必过分分别。"（王丽新《一轮明月耀天心》）因而他不是为书法而书法，为艺术而艺术，他更看重的是文字表情达意的功能，而不是在展览或炫耀自己书法方面的造诣与才华。有了这样的心，笔下自然一派肃寂，平稳冲淡，恬静适意。

在一封李叔同致马冬涵的书信中，李叔同谈到对书法的认识："朽人于写字时，……于常人所注意之字画、笔法、笔力、结构、神韵，乃至某碑、某帖之派，皆一致屏除，决不用心揣摩。……又无论写字、刻印等，皆足以表示作者之性格（此乃自然流露，非是故意表示）。朽人之字所表示者，平淡、恬静、冲逸之致也。"这封信写于1938年，距去世仅剩四年时间，可以看作其后期对书法的认知。

刘质平在有关回忆李叔同的文章中,提到"用笔用墨与写法":"先师所写字幅,每幅行数、每行字数,由余预先编排。布局特别留意,上下左右,留空甚多。师常对余言:'字之工拙,占十分之四;而布局却占十分之六。'写时闭门,除余外,不许他人在旁,恐乱神也。大幅先写每行五字。从左至右,如写外国文。余执纸,口报字;师则聚精会神,落笔迟迟,一点一划,均以全力赴之。五尺整幅,需二小时左右方成。"足见其审慎恭敬的态度。

刘质平的同一篇文章中,还有这样的回忆:"师曾对余言:'艺术家作品,大都死后始为人重视,中外一律,上海黄宾虹居士(第一流鉴赏家)或赏识余之字体也。'"黄宾虹是近现代书画大家,弘一大师认识到黄的过人之处,将他当作自己书法艺术上的知己,可以互相欣赏、珍惜。《李叔同全集》中有林子青所撰的《弘一大师传》云:"(李叔同)弥留之际,还写了悲欣交集四字,一面欣庆自己的解脱,一面悲悯众生的苦恼。这末后一句,真有说不尽的香光庄严。"

绝笔中的主题是"悲欣交集",以"见观经"三字作注。《观经》是《佛说观无量寿经》的简称,为释迦牟尼佛讲解极乐净土的"净土三经"之一,另两部是《佛说无量寿经》和《佛说阿弥陀经》。

观其笔墨,"悲欣交集 见观经"七个字的墨色,由润而枯,一气写就,而"见观经"三字全是皴擦的渴笔,行笔慢。笔枯而后蘸墨,在下面画了一个墨色饱满的圆圈。接着用小字署写日期,墨色丰满。按书写的常规，日期本当写在左下角，因为逼仄，移写到右上方，布局得到平衡。

《观经》里并无"悲欣交集"四字，而是见于《大佛顶首楞严经》卷六："阿难整衣服，于大众中合掌顶礼。心迹圆明，悲欣交集。欲益未来诸众生故，稽首白佛。"弘一法师熟读律宗经典，特意写上"见观经"，不会是"悲欣交集"出自《观经》之意，而是告诉我们，临终所"现"的境界与《观经》所道极乐世界的景象相同。也许，此种悲欣交集的境界，非语言文字所能表达，故而注明"见观经"。

这件绝笔手迹，幅面小，渴笔多，未钤印，与弘一法师以往安排妥帖的书件大不一样。但"悲欣交集"又和盘托出悲悯众生沉沦生死之苦、欣喜自己往生而离苦得乐的心境，因而这纸告别之迹别具一种撼人心灵的力量。

细细品究起来，李叔同的书法与他的人生一样走过了三个阶段：第一个阶段为雄而健，刚劲厚实，这是受北碑的影响；第二个阶段为秀而雅，碑帖相融，欲放还收，写出笔意的雅趣；第三个阶段为淡而清，这也源于李叔同进修梵行的精深，所以才有平淡、恬静、冲逸之致也，用笔轻慢，行气疏朗，左右上下却呼吸相通，融为一体，给人一种松而不散、秀而不滑、肃穆高古、宁静淡远的佛家气象。

李叔同书法前期脱胎魏碑，体势较扁，笔势逸宕灵动；后期则融入楷意，体势变方，自成一家，冲淡朴野，温婉清拔。出家

第五章 凡心修禅

1937年弘一法师于青岛讲律

后的作品，字体呈修长清邃之态，有股超凡的宁静和闲云野鹤般淡远的气息。这是绚烂至极的平淡、雄健过后的文静、老成之后的稚朴。

李叔同在出家前喜张猛龙笔意，落笔重在神趣。其深厚的书法功底源于早期遍临了《石鼓文》《峄山碑》《天发神谶碑》以及《张猛龙碑》《爨宝子碑》《龙门二十品》等，真草篆隶兼涉足。他在上海编《太平洋报》时，以隶书笔写英文莎士比亚墓志，与苏曼殊的画同刊于随刊画报上，时人誉为"双绝"。

对于他出家前后的书风蜕变，普陀山印光法师看了弘一抄写的经书后回信中的一段话起了至关重要作用："写经不同写字屏，取其神趣，不求工整。若写经，宜如进士写策，一笔不容苟简，其体须依正式体，若座下书札体格断不可用。"弘一对印光法师非常崇敬，此话对改变弘一的书风确实起到了关键作用。马一浮也曾在弘一书《华严集联》的跋语中写道："大师书法，得力于张猛龙碑。晚岁离尘，利落锋颖，乃一味恬静，在书家当为逸品。"后来弘一在给一位叫堵申甫居士的信中谈到自己书法风格的变化："拙书尔来意在晋书，无复六朝习气。一浮甚赞许。"马一浮无论在书道、佛学上都被弘一引为知己，所以对马一浮的任何点评，弘一法师都深深牢记在心。

弘一大师出家后，除了书法，其他艺术活动基本都放弃了。大师所以唯独不废书法，是把书法作为绍隆佛法，与众生广结善缘的媒介。大师在闽南写下的书法珍品难以计数，如1938年4月居泉州不满两月，已创作书法作品逾千幅，每日平均写40件上下。1938年12月居晋江安海水心亭一月，书写300余幅。1941年4月7日，大师于南安灵应寺托昙昕法师寄两大包书法给有缘之人，请邮局特别通融，大师表明了自己写字目的："信包内皆写件，为弘扬佛法，非求名利。"

对于弘一大师晚年的书法，也有着争议，有评论者认为无节奏变化、无情绪波澜，虽清澈明净,但毕竟寡淡如水,有何艺术性可言？然而，也许这正是弘一的高明和他人难以企及之处。艺术如果在强烈的意识下创作，那不能算是最高境界。弘一法师从来不认为自己是艺术家，他虽然时常写字送人，但多为弘扬佛理，以字结缘。

李叔同把中国古代的书法艺术推向了极致，"朴拙圆满，浑若天成"是其书法上的特点，鲁迅、郭沫若等现代文化名人都以得到大师一幅字为无上荣耀。弘一大师是第一位对传统书法审美观进行革新的艺术大师，他的书法被称为古今绝无的"弘一体"。他将中国书法艺术别开生面地依西洋画"形象"美学理念表现，并用佛教静观法打破传统元气论，以动态气势美学作为书法的本体论基础，开启了新的书法审美道路。

李叔同中年遁入空门，精研律学，弘扬佛法，广结善缘，普度众生，成了南山律宗一代高僧，他的人生由真正的绚烂之极归于平淡。弘一法师是一个做人、做事都严肃认真、一丝不苟的人，也正因为如此，所以他能学什么像什么，并且成就什么。在绘画、戏剧、音乐、书法等诸艺术领域中，均有着极高的造诣，甚至有着里程碑式的贡献。在当教师时，培养了如刘质平、丰子恺等优秀的艺术家。

弘一法师的挚友夏丏尊说，弘一法师在俗时"平日是每天早晨写字的"，出家那一年的阳历新岁年假，他在定慧寺断食，"仍以写字为常课，三个星期所写的字，有魏碑，有篆文，有隶书，笔力比平日并不减弱"（《弘一法师之出家》）。叶圣陶说："弘一法师对于书法是用过苦功的，在夏丏尊先生那里，见到他许多习字的成绩，各体的碑刻他都临摹，写什么像什么。这大概因为他弄过西洋画的缘故。"（叶圣陶：《弘一法师的书法》）

弘一法师经常向印光大师通信求教，《印光法师文钞》收录致弘一法师书信四通，三封为复弘一师书，一封为与弘一上人书。信件内容显示，弘一曾就如何证三昧得感通，如何讲解《大乘起信论》，以及刺血写经等事向印光请益。印光均一一加以详细回答、解释，还特别嘱咐他别为其他事所累，以致分心，并耐心劝阻他刺血写经，"血耗神衰，反为障碍"。还说，写经书最好是小楷，弘一法师便改写细楷，直到最后印光大师首肯："可依此写经。"

刘质平常陪侍弘一法师写字，据他所见："先师用笔，只需羊毫，新旧大小不拘，其用墨则甚注意。民十五（1926年）后，余向友人处，访到乾隆年制陈墨二十余锭奉献。师于有兴时自写小幅，大幅则须待余至始动笔。"

人们常说,"先器识而后文艺",弘一法师的书法能够臻于化境,与他平时注重人格道德的修炼分不开。

对于弘一法师所成就的书艺和人格的丰碑,启功先生有诗咏道:"我敬李息翁,独行行最苦。秃笔作真书,淡静前无古。并世论英雄,谁堪踵其武。"

现在,研究弘一法师书法的人越来越多,以至成为一种社会现象,这应该算是对他书法成就的最高褒奖吧。

师生共筑护生情

丰子恺是弘一法师的得意弟子,与李叔同情谊深厚,有着超越师徒关系的深层次关系。丰子恺是我国著名散文家、画家、美术与音乐教育家,以中西融合画法创作漫画以及散文而著名。他在艺术上深受李叔同影响,是颇受李叔同器重的学生之一。丰子恺具有很高的艺术天分,加之勤奋好学,心摹手追,广采博取,在多个领域成就非凡。他工于诗文音乐,精于书法绘画,擅于编辑翻译。他曾留学日本,归国后在上海创办立达学园,从事文学、美术、音乐、翻译等工作。

丰子恺以漫画闻名于世,但他自己对书法的看重远在漫画之上。他曾说:"书法是最高的艺术……艺术的主要原则之一,是用感觉领受。感觉中最纯正的无过于眼与耳。诉于眼的艺术中,最纯正的无过于书法;诉于耳的艺术中,最纯正的无过于音乐。故书法与音乐,在一切艺术中占有最高的地位。"他是一个有着独立思想的艺术家,他的书法,宏大气度蕴含于毫芒之间,其烂

第五章 凡心修禅

漫气质又流露在布局谋篇、结字造型之中。他的书法源于北魏，兼及章草。其风格的形成，既有师门的影响，也有对现实世界的感悟。

丰子恺，浙江省崇德县石门湾人。父亲丰镤（fēi）是一位清末秀才，擅诗文，后来发奋读书中了举人。祖母沈氏性情开朗，识文断字，对子女的教育格外重视，这是丰子恺一家有着良好家风的原因。丰子恺母亲钟云芳，聪明贤惠，勤劳干练，和沈氏一起操持着全家的生计。丰子恺有六个姐姐，丰子恺出生以前，钟母常常因家中没有男丁而暗自叹息。丰子恺的出生，给全家人带来了巨大的喜悦，正因如此，丰子恺自小就享受到众星捧月般的待遇。疼爱他的父母还给他起了丰润、慈玉的名字，足见对他的重视。

丰子恺9岁时，父亲去世，家中只剩下母亲一人支撑。在丰子恺的眼里，母亲是一位"眼睛里有严肃光辉，嘴角有慈爱笑容"的女性。他的母亲白天要照顾染坊的生意，晚上回家还要承担一个母亲所有的责任，一人兼顾家事、店事、田事与所有应酬事，给丰子恺留下了深刻的印象。

丰子恺一生对他的母亲有着深深的眷恋，母亲的精明能干、温和慈祥的形象也让丰子恺久久无法忘怀，后来，丰子恺还专门创作了女孩子学母亲给娃娃缝制衣服的《小母亲》画作。

当年丰子恺考入浙江省第一师范学校，师从李叔同学习绘画和音乐，从中领略了艺术的无穷魅力，也被李叔同的人格魅力所折服。

他称李叔同对他的教育方式为"爸爸般的教育"。而称另一位对他影响较深的老师夏丏尊的教育为"妈妈的教育"。浙一师的两位老师,对丰子恺一生的艺术活动、创作,产生了巨大影响。

丰子恺无论从做人、做事,还是艺术创作上,都紧紧追随恩师李叔同的足迹。受到李叔同创作的广告漫画的启发,丰子恺于1924年开始发表人文漫画,融幽默、童趣、启智、明理于一体,引起社会热烈反响,他的作品老少皆宜、寓教于乐。1925年10月出版《子恺漫画》,从此中国开始有"漫画"。

佛教一向反对杀生,特别看重"放生"仪式。李叔同在上海期间,和丰子恺酝酿了一个相当重要的创意——编辑一套《护生画集》,以弘法扬善、敬天爱人、除暴戒杀、倡导环保、宣传素食等。诚如李叔同所言:"以艺术作方便,人道主义为宗趣。"于是,师生两人联手合作,共同寻找题材,由丰子恺作漫画,由弘一大师配诗写文。这个创意自然极好,对于李丰二人而言,也并非难事,但谁也没有料到的是,这件事整整影响了丰子恺的一生。

1927年11月,弘一大师到上海丰子恺家,亲自主持了丰子恺的皈依三宝仪式,并为丰子恺取法名婴行。

弘一大师此次本来是要从上海北上天津,因战事被耽搁了,所以才到丰子恺的家中逗留。其间,弘一大师为丰子恺寓所题写了宅名"缘缘堂",为此书件作装裱的就是如今赫赫有名的九华堂。丰子恺在其《告缘缘堂在天之灵》中记道:"我同弘一法师住在江湾

第五章 凡心修禅

永义里的租房子里,有一天我在小方纸上写许多我所喜欢而可以互相搭配的文字,团成许多小纸球,撒在释迦牟尼画像前的供桌上,拿两次阄,拿起来的都是'缘'字,就给你命名曰'缘缘堂'。当即请弘一法师给你写一横额,付九华堂装裱,挂在江湾的租房里。"

丰子恺的儿童画创作,灵感大多来自与自己儿女的嬉戏。作为七个孩子的父亲,孩子们都曾是他笔下的人物原型,比如《瞻瞻的车》画的是长子丰华瞻,长女阿宝也是他笔下很多漫画的主角。丰子恺曾说:"我的心为四事所占据了:天上的神明与星辰,人间的艺术与儿童。""我的孩子们,我憧憬于你们的生活,每天不止一次!"

丰子恺对自己的孩子总是流露出最温暖、最慈祥的父爱,但他从不宠溺他们,希望他们能够独立、有思想地生活。丰子恺50岁时,在杭州与子女们约法三章:"父母供给子女,至大学毕业为止。放弃者作为受得论。大学毕业后,子女各自独立生活,并无供养父母之义务,父母亦无供给子女义务。"

从这份拿到现在思想都不算落伍的"家规"中可以看出丰子恺让已经独立的子女过自己的生活,摒弃了传统的"养儿防老"的旧观念。丰子恺的这种教育方式深深地影响着他的子女们,这才是一个父亲对孩子最真诚的爱。

对于恩师李叔同,丰子恺也一直将他视如父亲,在李叔同50寿辰时,丰子恺特意寄去了自己精心绘制的50幅《护生画集》。

李叔同看到作品后十分高兴,并欣然为画集配写文字,并回信嘱咐丰子恺,希望他能够将此集继续画下去。收到回信后,丰子恺立刻回信向恩师承诺道:世寿所许,定当遵嘱!正是这八个字,让丰子恺用了一生的精力去实现承诺,甚至付出了超乎寻常的代价。

10年后,第二集《护生画集》完成,共60幅。李叔同非常高兴,很快为画集配上了文字,并回信:"朽人70岁时,请仁者作护生画第三集,共70幅;80岁时,作第四集共80幅;90岁时,作第五集,共90幅;百岁时,作第六集,共百幅。护生画功德于此圆满。"

1942年,弘一法师圆寂,但是丰子恺又继续画了第三集70幅和第四集80幅。

丰子恺一直谨记李叔同的嘱托,为报师恩发奋而作。然而,就在丰子恺打算继续完成最后两集时,意外却降临了——十年"文化大革命"来了。随后,刚当上上海中国画院院长的丰子恺,因为在"文代会"上一番关于"'大剪刀'剪出千篇一律的冬青树"的发言,而被列为"上海十大重点批斗对象"之首。

接下来,日复一日无休止的折磨便开始朝已是60多岁的丰子恺袭来,"造反派"不仅抄了他的家,还日日批斗他,他们把刚出锅的热糨糊浇到老人的背上,然后再贴上大字报,游街批斗。老人自然是受不住这番折腾,痛得走不了路,于是,"造反派"们便又残忍地拿着皮鞭抽打他,从街头一直抽到街尾。

丰子恺很坚强,从没流下过一滴泪。后来,造反派又剪掉了他养了30多年的胡子,那些胡子是丰子恺为怀念自己已逝多年的老母而特意蓄起来的,人们都以为老人这下肯定承受不了,但没想到丰子恺却笑着说:"野火烧不尽,春风吹又生……"

再后来,丰子恺又被下放到上海郊区,从事田间劳动,为了不让家人挂念,乐观的丰子恺告诉家人说,管教的人看他年纪大了,很照顾他,因此自己过得很好。直到有一年冬天刚下过大雪,女儿丰一吟去给他送御寒的衣服,在一片一望无垠的田野里找到丰子恺,他正孤独地站在寒风飕飕的地里,胸前挂着一个蛇皮袋,正在一点点地摘棉花,全身冻得直发抖,这才知道丰子恺的艰难处境。

之后,在丰一吟的一再要求下,丰子恺才带着她去了自己的住处——一间破得不能再破的旧牛棚茅草屋里,因为屋顶年久失修,床上的草枕边上,还有一堆没融化的积雪……

即便是在如此简陋的卧室里,老人也很难睡上一个踏实的觉——管教他的人,经常会半夜三更突然吹响集合号。丰子恺年纪大,手脚又不灵活,自然每次起床都不能像其他人一般麻利,于是被推搡被斥骂成了常有的事情,后来,他干脆睡觉不脱衣服。

虽然遭受到如此非人的虐待,但丰子恺依然没有任何抱怨,从没想过要放弃绘画,从不敢忘记对恩师的那句承诺。"护生即护心,慈悲在心,随处皆可作画",劳动改造期间,他以苦为乐,只要一有机会,就会想方设法继续《护生画集》的绘画,并完成了第五集的90幅画。

丰子恺一生虽然作画几千幅（算上重复的有上万幅），但对《护生画集》，一直念念不忘。

在创作第五集《护生画集》期间，丰子恺常常梦见成百上千的禽兽前来向他叩谢，表达欢喜鼓舞和感激。1965年3月31日，丰子恺在给广洽法师的信中写道："所述梦境，实非偶然，精诚感动万方故也。弟昔年作护生画时，亦常梦见千禽百兽欢喜鼓舞，有时梦中景象助威画幅……"

但环境的恶劣最终还是击倒了丰子恺。患上严重肺炎的他被允许回家养病，此时的他已经是76岁的古稀老人了。回到家中的丰子恺没有按照医生的要求，好好休息，积极配合治疗，相反，他甚至偷偷扔掉医生开的药，全身心地扑到绘画上去。他每天凌晨4点就起床，开始着手画《护生画集》的第六集。此时与恩师约定的最后一集还有6年时间，但丰子恺感觉到自己时日不多，于是拼命画。儿女们怕他累坏身体，把他的笔和纸都藏起来了。丰子恺就向他们哀求道："你们这是要我的老命呀，快还给我吧。"

儿女们只好作罢。晚上即便睡在一个需要蜷缩起双腿才能睡下的小床上，他也一点感觉不到不便。他的所有心思都投入到画作中，《羔跪受乳》《首尾就烹》等名画就是这个时候完成的。

1973年底，丰子恺终于完成了恩师的嘱托，完成了《护生画集》的最后100幅画，这与他送给恩师的第一集整整相隔了45年。

丰子恺说："我敬仰我的老师弘一大师，是因为他是一个像人

第五章 凡心修禅

1927年弘一法师于丰子恺家门口

的人。"丰子恺的一生正是为了做一个像人的人,耗尽自己毕生的心血。朱光潜曾这样评价好友丰子恺:"一个人须是一个艺术家,才能创造出真正的艺术作品。子恺从顶至踵,浑身都是个艺术家,他的胸襟,他的言谈笑貌,待人接物,无一不是艺术的,无一不是至爱深情的流露……"

"在他之前,没有人画过,之后也没有人画过。"后人这样评价丰子恺独特的漫画。他用常见的线条,寥寥数笔勾画出他高尚的人格和深远的思想,简单朴素中画出悲悯和仁爱之情,堪称中国一代漫画大师,而他最为知名的作品便是《护生画集》,一共450幅。

丰子恺与李叔同的师生情谊,因为一本《护生画集》更增添了一份信守诺言的深沉与凝重,让人无限感慨和敬佩!

第五章 凡心修禅

晚晴山房　人间清凉

1928年底，时局混乱，佛教遭受了质疑与破坏。第二年，为方便弘一法师起居，经亨颐、夏丏尊、丰子恺、刘质平、穆藕初、朱稣典、周承德七人共同筹资为弘一法师在白马湖畔筑造了一处书房精舍。当年的《为弘一法师筑居募捐启》写道："弘一法师，以世家门第，绝世才华，发心出家……披剃以来，刻意苦修，不就安养，云水行脚，迄无定居……悯其辛劳……就浙江上虞白马湖觅地数弓，结庐三椽，为师栖息净修之所……"

晚晴山房虽为弘一法师而筑，他却只在此居住了寥寥数次。1929年精舍建成后，弘一法师对建筑及周边环境都十分满意。他在给夏丏尊的信中写道："摄影甚美，可喜。山房建筑，于美观上甚能注意，闻多出于石禅（经亨颐的号）之计划也。石禅新居由山房望之，不啻一幅画图（后方这松树配置甚妙）。彼云：曾费尽心力惨淡经营，良有以也。"

弘一法师以李商隐"天意怜幽草，人间重晚晴"诗意，亲自为山房题名"晚晴山房"。他还邀请永嘉惟净法师等小住晚晴山房，自煮饭菜，净心念佛。

到了农历九月，恰逢弘一50寿诞，也是母难之日。他在晚晴山房默诵《地藏王菩萨本愿经》为亡母超度。开明书店《李息翁临古法书》《护生画集》亦在此时出版。弘一法师与诸友人还在白马湖举行了一次放生活动，并写了一篇纪念文章《白马湖放生记》，详细记录了这一重要活动："白马湖在越东驿亭乡，旧名强浦，放生之事，前年间也。己巳晚秋，徐居士仲荪适谈欲买鱼介放生（白）马湖，余为赞喜……"

1931年2月，弘一最后一次来山房。他在上虞横塘镇法界寺佛前，发愿专学南山律宗。晚晴山房成为白马湖的中心，旧时的友人齐聚过来。"其地甚为幽静，诸事无虑，护法之人甚多"，弘一法师有了一个安身立命之所。他在此认真研读《行事钞记》，开始钻研南山律。

有一次，随经亨颐到春晖中学任教的夏丏尊和当时任教于私立上海艺术师范大学的刘质平来到晚晴山房，在弘一法师面感叹时下有责任的歌者实在寥寥无几，靡靡之音泛滥社会，长此以往，青年学子们都将振作不起。此前一年，丰子恺、裘梦痕编辑的《中文名歌五十首》由上海开明书店出版，其中收录弘一早年所作歌曲二十五首之多，丰子恺在序言中赞颂弘一大师"有深大的心灵，又兼备文才与乐才……中国能作曲又作词的音乐家，也只有李先生一

第五章 凡心修禅

人"。此书后来被众多学校选作音乐教材,影响巨大。这次见面,刘质平与夏丏尊询问弘一法师,是否可以为青年学生写歌。弘一法师闻听此言,心情沉重,便郑重应允下来。两年后,弘一法师在金仙寺写成《清凉歌》五首,因恐其文辞深奥,普通青年学生难解其意,又请芝峰法师注释,然后交给刘质平作曲。1936年10月,《清凉歌集》由开明书店正式出版。

1931年弘一法师离开这里后,因长期无人居住,风雨侵蚀,草木凋零,山房渐趋破败,抗战期间终于轰然坍塌。1994年,上虞市弘一法师研究会募集资金,依照修旧如旧的原则,重修晚晴山房,并盛邀赵朴初、冰心等题写匾联。其毗邻处分别有经亨颐的"长松山房"、夏丏尊的"平屋"、丰子恺的"小杨柳屋",依稀可见当年旧友亲朋相聚甚欢的场景。

弘一法师虽然在晚晴山房居住时间不长,但这里却是他最喜欢的地方,也是弘扬南山律宗的重要场所。如今,弘一法师在晚晴室所使用的物品,均被移至泉州开元寺弘一法师纪念馆内。晚晴山房前的小花园,竖着"弘一法师纪念碑",下脚已为草木深埋,芳草虽未连天,茂树虽未蔽日,春日催花发,仍是一蔚秀佳处。

赵朴初所书"晚晴山房"匾额高悬正中廊前门楣,两旁是"发心求正觉,忘己济群生"的对联,这位佛家大师的手笔一如既往地透露出浑厚拙朴、力透纸背的气度。正厅是传统文人书房的布置,靠壁正中设一八仙桌,桌侧左右两把太师椅,椅背桌档皆有精细的镂花雕琢,桌椅后设一案几,其色暗红朴旧。中堂是一幅弘一大师的慈悲画像,像中大师嘴角微微含笑,眉宇之间豁然开朗。周身拥莲花,头顶悬明月。弘一法师的可贵人品、满腹学问与悲天悯人的济世情怀,如一轮明月在天空闪耀着无尽的光芒。

第五章 凡心修禅

悲欣交集　大师远行

　　1942年10月初，弘一法师旧病复发。也许他已经知道自己大限将至，因此宣布绝食，并拒绝医治。广洽法师前来问候他的病情，他说："你不要问我病好没有，你要问我有没有念佛？"几日后自觉不久人世，就给李芳远写信："朽人近来病态日甚，不久当即往生极乐。犹如西山落日，殷红灿烂，瞬即西沉。故未圆满诸事，深盼仁者继成之，则吾虽凋，复奚憾哉！"

　　弘一法师病重后，拒绝一切医生前来问诊，一心念佛。

　　10月10日下午，弘一法师索来纸笔，写下"悲欣交集"的绝笔交给妙莲。大师"悲"什么？"欣"什么呢？与娑婆世界离别是悲，往生西方是欣。或许，在佛家看来，山川草木、宫室楼台、尊荣富贵乃至亲朋骨肉，如昙花一现，皆为幻象、梦境。梦中离别，亦有悲情，虽有悲情，实乃空虚之悲，而欣则是真欣！涅槃入寂，成就正觉，岂非最可欣之事？

　　这四个字被后人认为是他的遗言，也是他对自己一生的总结，

一念放下，万般从容

在他生命终结之时，他一面欣庆着自己的解脱，一面还在悲愍着众生的苦恼。

弘一法师将自己的后事委托妙莲法师一人负责，并在遗嘱中注明：

> 当我还没有命终以前，以及生命终了、死后，我的事，全由妙莲法师一人负责，其他任何人，毋用干预。

大师还特意叮嘱妙莲法师两点注意事项。一是圆寂前后，看到他眼里流泪，并不是表明留恋世间，挂念亲人，而是在回忆他一生的憾事，为一种悲欣交集的情境所感；二是当呼吸停顿、热度散尽时，送去火葬，身上只穿这身破旧的短衣。遗体停龛时，要用小碗四个，填龛四角，以免蚂蚁闻臭味走上。应逐日将水加满，以防蚂蚁又爬上去，火化时损害了蚂蚁的生命。弘一法师行将大去，视皮囊如敝屣，却对渺小的蚂蚁的生命念兹在兹。大哉弘一，悲悯至斯！

此后两日，大师每天默念"阿弥陀佛"。10月10日，上午为黄福海居士书蕅益大师警训：

> 以冰霜之操自励，则品日清高；以穹隆之量容人，则德日广大；以切磋之谊取友，则学问日精；以慎重之

行利生，则道风日远。

10月13日当天，弘一法师请妙莲法师将自己预先写好的遗嘱寄给刘质平，遗嘱中写道：

> 余命终后，凡追悼会、建塔及其他纪念之事，皆不可做。因此种事与余无益，反失福也。倘欲做一事业与余为纪念者，乞将《四分律比丘戒相表记》印二千册。……此书系为余出家以后最大之著作，故宜流通以为纪念也。

同一天，弘一法师还委托妙莲法师向夏丏尊、刘质平、性愿法师分别寄送了自己预先写好的偈语：

> 朽人已于 月 日[①]谢世。曾赋二偈，附录于后：
> 君子之交，其淡如水。
> 执象而求，咫尺千里。
> 问余何适，廓尔亡言。
> 华枝春满，天心月圆。
> 谨达，不宣。

---

① 注：迁化日期空着，意即弘一法师圆寂后他人再逐一填写。

1942年10月13日（农历九月初四），晚8时，在妙莲等法师的助念声中，弘一法师于泉州温陵养老院安详圆寂，他的眼角沁出晶莹的泪花。一代高僧弘一法师至此走完他的传奇人生，终于奔向了他一心向往的极乐世界。

弘一法师圆寂后，遵佛教仪式火化，其舍利分别由泉州清源山弥陀岩、杭州虎跑寺建舍利塔供养。

弘一法师临终所书偈语诗境圆融、洒脱、从容，充分表达了大师对生与死的豁达，对万物生生不息的自然规律的彻悟。只有具备深厚学养的哲人，才能有如此博大恢宏、超脱一切、悲悯一切的胸怀，才能如此冷静地、理智地、从容地面对生死。诵其诗，令人起敬。

太虚大师闻听弘一法师圆寂，悼念道："以教印心，以律严身，内外清净，菩提之因。"好友胡朴安写挽诗赞弘一法师："往日本未生，今日亦未死。"时在四川乐山复性书院的马一浮，为弘一法师作五言律诗两首：

> 高行头陀重，遗风艺苑思。
> 自知心是佛，常以戒为师。
> 三界犹星翳，全身总律仪。
> 祇今无缝塔，可有不萌枝？
> 春到花枝满，天心月正圆。

第五章 凡心修禅

> 一灵元不异，千圣更何传？
> 交谈心如水，身空火是莲。
> 要只末后句，因悟未生前。

大师荼毗后，得舍利1800余颗，舍利块600颗。第二年，其浙江弟子在其出家的虎跑寺建舍利塔，并请马一浮先生作铭文。马一浮应允又写下《弘一律主衣钵塔记并铭》，将律学历史渊源与弘一法师弘律的意义及功德建树概括无遗，盛赞弘一法师"秉心介洁，制行精严，俨然直追古德，可谓法界之干城、人天之师范者也"。

一个传统文人，一个悲欣交集的律宗大师，一个风度翩然的文人雅士，一个学贯中西的艺术大师，就像一闪而过的流星一样，在留下耀眼的光芒之后，又永远地归于沉寂了。

但是，弘一法师毕竟不是一个凡人。作为中国新文化运动的先驱，一个卓越的艺术家、教育家、思想家、革新家，中国传统文化与佛教文化相结合的优秀代表，中国近现代佛教史上杰出的高僧，一位享誉国际的知名人士，一个在教育、哲学、法学、汉字学、社会学、广告学、出版学、环境与动植物保护、人体断食试验诸方面均有开创性贡献的不凡之人，李叔同为世人展示了贵族绅士的高贵气质和涵养、艺术家的激情与浪漫、高僧大德的从容与慈悲……他为世人留下了无穷的精神财富，历史将永远记住，这世间曾有一个如此优秀、如此全面、如此绚丽的人来过……

李叔同年表

 一念放下，万般从容

1880年（庚辰 清光绪六年）出生

10月23日（农历九月二十）生于天津粮店后街陆家树胡同2号，籍贯浙江平湖。幼名成蹊，学名文涛，字叔同，又号漱筒。父名世珍，字筱楼，清同治四年（1865年）进士，官吏部主事，后引退持家，经营盐业和银钱业，乐善好施，有"李善人"之称。叔同行三，系侧室王氏所生。

1884年（甲申 光绪十年）5岁

9月23日（农历八月初五），父筱楼病故，卒年72岁。从母王氏诵名诗格言。

1885年（乙酉 光绪十一年）6岁

从仲兄文熙（字桐冈，号敬甫，长叔同12岁）受启蒙教育。

1886年（丙戌　光绪十二年）7岁

日课《百孝图》《返性篇》《格言联璧》《文选》等。

1887年（丁亥　光绪十三年）8岁

从乳母刘氏习诵《名贤集》，又从常云庄受业，读《孝经》《毛诗》等。此后又读过《唐诗》《千家诗》《四书》《古文观止》《尔雅》《说文解字》等，13岁学篆。

1896年（丙申　光绪二十二年）17岁

从天津名士赵幼梅学诗词，喜读唐五代作品，尤爱王维。兼习辞赋、八股。又从唐静岩学篆隶刻石。唐静岩书钟鼎篆隶各一小册，李叔同为其刊行，并题签，署名"当湖李成蹊"。是年天津有减各书院奖赏银归洋务书院之议，叔同以为"照此情形，文章虽好，亦不足制胜"，遂请人教算术、外文。与天津名士时有交游，爱好戏剧。

1897年（丁酉　光绪二十三年）18岁

与天津俞氏结婚，俞氏长叔同两岁。以童生资格应天津县儒学考试，学名李文涛。有子（乳名葫芦），早年夭折。

1898年（戊戌　光绪二十四年）19岁

是年清光绪采纳康梁维新主张，下诏定国是。叔同赞同康梁变法主张，慨叹："老大中华，非变法无以自存。"相传自刻"南海康君是吾师"印以明志。是年奉母携眷迁居上海，赁居法租界卜邻里。加入"城南文社"，所作诗文，为同人之冠。

刊《李叔同先生印存》一书，收作品139方。

1899年（己亥　光绪二十五年）20岁

"城南文社"许幻园慕其才，让出许家城南草堂一部分，叔同全家遂迁入。是年与袁希濂、许幻园、蔡小香、张小楼结为"金兰之谊"，号称"天涯五友"，曾合影留念。

是年得清纪晓岚所藏"汉甘林瓦砚"，便广征名士题咏，得《汉甘

林瓦砚题辞》二卷。

1900 年（庚子　光绪二十六年）21 岁

正月，作《二十自述诗序》。春，与书画名家组织上海书画公会，任伯年、朱梦庐等皆为会员，每周出《书画报》一纸。
11 月 10 日（农历九月十九日），子李准生，作《老少年曲》自勉。相继刊《李庐印谱》《李庐诗钟》。出版《诗钟汇编初集》，内题"当湖惜霜仙史编辑"。

1901 年（辛丑　光绪二十七年）22 岁

春，曾回天津，拟赴河南探视其兄，后因道路受堵作罢。居津半月，回上海。后写成《辛丑北征泪墨》于 5 月在上海出版，所记多为此行往返见闻和感受。代表作有《南浦月》《夜泊塘沽》《遇风愁不成寐》等，表达了对国土沦丧的悲愤之情。
秋，入上海南洋公学特班，受业于蔡元培。

1902年（壬寅　光绪二十八年）23岁

各省补行庚子、辛丑恩正并科乡试。叔同以平湖县监生资格，报名应考，未中，仍回南洋公学。

1903年（癸卯　光绪二十九年）24岁

与尤惜阴居士同任上海圣约翰大学国文教授，不久去职。翻译出版《法学门径书》《国际私法》。

1904年（甲辰　光绪三十年）25岁

常与歌郎、艺妓等艺事往还。在上海实践戏剧，粉墨登场，票演京剧。
是年，进步青年在上海组织"沪学会"，提倡尚武精神，宣传移风易俗。叔同亦参与其事。
12月9日（农历十一月初三），子李端生。

李叔同年表

1905年（乙巳 光绪三十一年）26岁

为沪学会作《祖国歌》《文野婚姻新戏册》等，出版《国学唱歌集》。3月10日（农历二月初五），母王氏病逝。叔同携眷扶柩回津。首倡丧礼改革。秋，东渡日本留学。
留日学生高天梅主编《醒狮》杂志，李叔同为之设计封面，并撰稿。

1906年（丙午 光绪三十二年）27岁

独立创办《音乐小杂志》，并于2月8日在东京印刷，5天后寄回上海发行，此乃中国第一份音乐杂志。
有《春风》《前尘》《凤兮》《朝游不忍池》等诗发表于日本汉诗创作团体"随鸥吟社"刊物《随鸥集》中，并时常与日本汉诗人交游。9月入东京美术学校油画科。同时又于校外从上真行勇学音乐戏剧。初名李哀，后改名为李岸。冬，与学友一起创办春柳社，此乃中国第一个话剧团体。
是年曾回天津。

1907年（丁未　光绪三十三年）28岁

2月，春柳社为国内徐淮水灾赈灾义演《茶花女遗事》，李叔同自扮茶花女玛格丽特。此为中国话剧演出实践之第一。

春柳社于7月10日、11日（农历六月初一、初二）又一次公演《黑奴吁天录》，叔同扮演爱米柳夫人，同时客串男跛醉客。

1911年（辛亥　清宣统二年）32岁

3月以优异的成绩毕业于东京美术学校，毕业前曾作自画像一幅。归国，任天津直隶模范工业学堂等校图画教师。

是年，李家遭变，濒临绝境。

1912年（壬子　民国元年）33岁

春，抵上海，任教于城东女学，授文学、音乐课。

加入南社，参加南社第六次雅集。为南社通讯录设计封面并题签。

陈英士创办《太平洋报》，在朱少屏的邀请下，叔同任画报副刊主编，兼管广告。

与柳亚子等创办文美会,主编《文美杂志》。

辛亥革命成功,李叔同填词《满江红》,"看从今,一担好山河,英雄造"以抒胸臆。

秋,任浙江省两级师范学校图画、音乐教师。

1913年（癸丑　民国二年）34岁

是年浙江省立两级师范学校改名为浙江省立第一师范学校。编《白阳》杂志,《春游》三声部合唱曲及《欧洲文学之概观》《西洋乐器种类概说》《石膏模型用法》等作品均署名息霜载于是刊。其中《春游》是中国第一部三声部合唱曲；《欧洲文学之概观》是第一篇由中国人编写的欧洲文学史；《石膏模型用法》是国内最早介绍石膏教具的文字。

5月,为好友夏丏尊28岁生日摹"汉长寿钩钩铭",并写题记,署名为"当湖老人息翁"。

1914年（甲寅　民国三年）35岁

是年加入西泠印社。课余集合经亨颐、夏丏尊等友生组织成立乐石社,从事金石研究与创作,叔同被选为第一任社长。

1915年(乙卯 民国四年)36岁

仍在浙江省立第一师范学校任教,同时应聘任南京高等师范学校图画音乐课教师。在南京组织宁社,倡导书画艺术。
6月,撰《乐石社社友小传》,并作《乐石社记》,自署当湖人。
在任教期间作歌颇多,代表作有《送别》《早秋》《忆儿时》《悲秋》《月夜》《秋夜》等。
是年夏,曾赴日本避暑。

1916年(丙辰 民国五年)37岁

同事夏丏尊偶见日本杂志有关于断食的文章,遂介绍叔同阅读,即决心一试。于年底入虎跑寺断食18天,有《断食日志》详记之。

1917年（丁巳　民国六年）38岁

是年下半年起，发心食素，并请《普贤行愿品》《楞严经》及《大乘起信论》等多种佛经研读。

1918年（戊午　民国七年）39岁

正月间，赴虎跑习静。正月十五日受三皈依，拜了悟和尚为师，法名演音，号弘一。

农历七月十三日，入虎跑寺正式出家。农历九月至灵隐寺受戒。受戒后，赴嘉兴精严寺小住，年底应马一浮之召至杭州海潮寺打七。

1919年（乙未　民国八年）40岁

春，小住杭州艮山门外井亭庵，不久移居玉泉清涟寺。夏居虎跑寺。秋至灵隐寺与弘伞法师共燃臂香，依天亲菩萨《菩提心论》发十大正愿。

1920年（庚申　民国九年）41岁

春，居玉泉寺。《印光法师文钞》出版，作《印光法师文钞题辞并序》。夏，赴浙江新城闭关。中秋后移居浙江衢州莲花寺，手书《佛说大乘戒经》《十善业道经》等，并有题记。校定《菩萨戒本》。

1921年（辛酉　民国十年）42岁

正月，自衢州返杭州，居玉泉寺，披阅《四分律》，始览诸先师之作。早春曾在闸口凤生寺小住，丰子恺游学日本前夕曾前往话别。春，自杭州赴温州，居庆福寺，撰"谢客启"，掩关治律。夏，所编《四分律比丘戒相表记》初稿完成。

1922年（壬戌　民国十一年）43岁

正月初三，在家妻俞氏病故，俗家仲兄文熙来信嘱返津，因故未能成行，仍居庆福寺。

1923年（癸亥　民国十二年）44岁

春，至上海，与尤惜阴居士合撰《印造佛像之功德》。曾居太平寺，题元魏昙鸾《往生论注》，并录印光大师法语于卷端。
夏，为杭州西泠印社书《阿弥陀经》一卷，该社将其刻于石幢。夏赴杭州灵隐寺听慧明大师讲《楞严经》。

1924年（甲子　民国十三年）45岁

春，由衢州莲华寺移居三藏寺。不久，取道松阳、青田抵温州。夏，在温州整理《四分律》，曾手书《四分律比丘戒相表记》并定稿。

1925年（乙丑　民国十四年）46岁

春，至宁波，挂搭七塔寺。应夏丏尊之请至上虞白马湖小住，不久返温州。

1926年（丙寅　民国十五年）47岁

春，抵杭州，寓招贤寺。夏丏尊、丰子恺曾自沪至杭专程拜访。夏初，与弘伞法师同赴庐山参加金光明法会。路经上海时曾与丰子恺等访城南草堂等处。冬初，由庐山返杭州，经上海，在丰子恺家小住，后返杭州。在庐山时，写《华严经十回向品·初回向章》，太虚大师推为近数十年来僧人写经之冠。

1927年（丁卯　民国十六年）48岁

春，闭关杭州云居山常寂光寺。社会上有毁佛之议，大师为护法，提前出关，致函蔡元培、经亨颐等旧友，力陈整顿佛教之意见。召见部分青年，竭力开导。秋，至上海，居江湾丰子恺家，主持丰子恺皈依三宝仪式。其间与丰子恺商定编绘《护生画集》计划。是年春，丰子恺等编《中文歌曲五十首》出版，内集大师在俗时歌曲13首。

1928年（戊辰　民国十七年）49岁

春夏之间，居温州。秋至上海，与丰子恺、李圆净具体商量编《护

生画集》。冬，刘质平、夏丏尊、丰子恺、经亨颐等共同集资，发起在白马湖筑屋，供大师居住，冬赴闽南。

1929年（己巳 民国十八年）50岁

正月，自南安小雪峰至厦门南普陀寺，居闽南佛学院，参与整顿学院教育。春，返温州，秋在白马湖"晚晴山房"小住，冬月重至厦门、南安，与太虚大师在小雪峰度岁，并合作《三宝歌》。

是年2月，《护生画集》由上海开明书店出版。50幅由丰子恺所绘的护生画皆由大师配诗并题写。

是年，夏丏尊以所藏大师在俗时所临各种碑帖出版，名《李息翁临古法书》（上海开明书店）。

1930年（庚午 民国十九年）51岁

正月，自小雪峰至泉州承天寺。此时性愿法师创办月台佛学社，大师曾为学僧讲课，并为承天寺整理所藏古版藏经。赴温州，后至白马湖。秋赴慈溪金仙寺讲律。冬月赴温州庆福寺。时人称大师孤云野鹤，弘法四方。

1931年（辛未　民国二十年）52岁

春，自温州过宁波，旋赴白马湖横塘镇法界寺。发愿弃舍有部律，专学南山律，从此由新律家变为旧律家。夏，亦幻法师发起创办"南山律学院"，请大师主持于五磊寺，后因与寺主意见未洽，遂离去。秋，广洽法师函邀大师赴厦门。在金仙寺作《清凉歌》。

1932年（壬申　民国二十一年）53岁

是年在镇海龙山伏龙寺为刘质平作书法，平湖李叔同纪念馆所藏《佛说阿弥陀经》十六条屏即当时所作。年底抵厦门，住山边岩（即万寿岩），讲《人生之最后》于妙释寺。

1933年（癸酉　民国二十二年）54岁

是年在妙释寺讲《改过实验谈》，在万寿岩讲《随机羯磨》，重编蕅益大师警训为《寒笳集》。在开元寺圈点《南山律钞记》，在承天寺讲《常随佛学》。

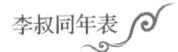

1934年（甲戌 民国二十三年）55岁

元旦，在泉州草庵讲《含注戒本》。正月二十一日讲《祭颛愚大师爪发衣钵塔文》《德林座右铭》。此年撰述丰厚，计有《记厦门贫儿舍资请宋藏事》《地藏菩萨本愿经说要序》《随机羯磨疏跋》《四分律随机羯磨题记》《一梦漫言跋》《庄闲女士手书法华经序》《见月律师年谱摭要并跋》《一梦漫言序》《缁门崇行录选录序》等。春，应南普陀寺住持常惺法师之请整顿闽南佛学院。见学僧纪律松弛，认定机缘未熟，倡办佛教养正院。

1935年（乙亥 民国二十四年）56岁

正月在万寿岩撰《净宗问辨》。后至泉州开元寺讲《一梦漫言》。初夏抵净峰寺。年底应泉州承天寺之请，于戒期中讲《律学要略》。

1936年（丙子 民国二十五年）57岁

元旦，卧病草庵。春，因患臂疮自草庵至厦门就诊，数月方愈。夏，居鼓浪屿日光岩，年末移居南普陀寺。

是年正月佛教养正院开学,抱病讲《青年佛徒应注意的四项》。春,手书《乙亥惠安弘法日记》《壬丙南闽弘法略志》等。《清凉歌集》由上海开明书店出版。

1937年（丁丑　民国二十六年）58岁

春,在佛教养正院讲《南闽十年之梦影》。为厦门市第一届运动会作会歌。5月赴青岛湛山寺讲律。10月返厦门。岁末赴泉州草庵。

1938年（戊寅　民国二十七年）59岁

先后在草庵、泉州、惠安及厦门等地讲经。
5月4日,即厦门陷落前数日离开厦门至漳州南山寺。冬初至泉州承天寺,后移居温陵养老院。

1939年（己卯　民国二十八年）60岁

4月入蓬壶毗峰普济寺闭门静修,著《南山律在家备览略编》等。

9月,澳门《觉音》月刊和上海《佛学》半月刊均出版"弘一法师六秩纪念专刊"。

秋末,为《续护生画集》题字并作跋。

1940年(庚辰 民国二十九年)61岁

春,闭关永春蓬山,谢绝一切往来,专事著述。秋,应请赴南安灵应寺弘法。

1941年(辛己 民国三十年)62岁

夏,离灵应寺赴晋江福林寺,并讲《律钞宗要》,编《律钞宗要随讲别录》。冬,入泉州百原寺小住,后移居开元寺。岁末返福林寺度岁。

1942年(壬午 民国三十一年)63岁

3月赴灵瑞山、泉州等地讲经。后居温陵养老院。9月1日,温陵养老院假过化亭为戒坛,教演出家剃度仪式。

10月2日下午身体发热,渐示微疾。10月7日唤妙莲法师写遗嘱。10月10日下午写下绝笔"悲欣交集"四字交妙莲法师。13日晚7时45分呼吸少促,8时安详西逝,圆寂于温陵养老院。

(注:此年表中的年龄按中国传统的计龄方式虚岁计算)